Produção independente

Denise Dias

Produção independente

Diário de uma terapeuta infantil em busca da maternidade

© 2017 - Denise Dias
Direitos em língua portuguesa para o Brasil:
Matrix Editora
www.matrixeditora.com.br

Diretor editorial
Paulo Tadeu

Capa, projeto gráfico e diagramação
Allan Martini Colombo

Foto da autora
Vitor Hugo Guimarães

Revisão
Silvia Parollo
Adriana Wrege

CIP-BRASIL - CATALOGAÇÃO NA PUBLICAÇÃO
SINDICATO NACIONAL DOS EDITORES DE LIVROS, RJ

Dias, Denise
Produção independente / Denise Dias. -- 1. ed. -- São Paulo: Matrix, 2017.
152 p. ; 21 cm.
Inclui índice

ISBN: 978-85-8230-308-5

1. Maternidade. 2. Filhos de famílias monoparentais. 3. Mães e filhos. 4. Mães
solteiras. I. Título.

17-39769

CDD: 649.132
CDU: 649.1

SUMÁRIO

Dedicatória. 7

Meu eterno agradecimento 9

Prefácio 13

Carta ao meu bebê 17

CAPÍTULO 1
Ser mãe: um "ser ou não ser" fora de questão. 23

CAPÍTULO 2
Escancarando o coração 37

CAPÍTULO 3
Julgamentos, dúvidas e fantasias 40

CAPÍTULO 4
Onde estão as outras Denises?. 56

CAPÍTULO 5
A organização. 68

CAPÍTULO 6
A minha espiritualidade 78

CAPÍTULO 7
Linha reta. 81

CAPÍTULO 8
O nascimento de Rafael 145

Agradecimentos 151

❀ Dedicatória

Dedico este livro a todas as mulheres que têm um profundo e genuíno desejo pela maternidade e que vão em busca de sua realização.

Dedico este livro a todos os homens de bom coração, possuidores de uma bondade tremenda e que doam suas sementes para que mulheres desconhecidas possam realizar o sonho de ser mãe. A todos vocês, a minha eterna e infinita gratidão.

Dedico este livro também a todas as mulheres que doam seus óvulos para que mulheres cujos óvulos não podem ser gerados consigam, mesmo assim, gestar o próprio filho em seu ventre.

A todas as mulheres que já cederam seus úteros, como barriga solidária ou como barriga de aluguel, para que outros homens e mulheres pudessem ter um filho para chamar de seu.

Vocês, homens e mulheres doadores, contribuem para que pessoas solteiras e diversos casais hétero e homossexuais possam formar o próprio núcleo familiar. Isso é lindo. Muito obrigada.

Dedico este livro a todas as pessoas hétero e homoafetivas que desejam ser mães e pais e que não desistem de exercer a maternidade e a paternidade, vencendo qualquer barreira física, social e também emocional.

Dedico este livro aos que vivem a maternidade e a paternidade via adoção. Vocês também são mães e pais de verdade. Afinal, seus filhos existem de verdade. Dedico este livro a todas as mulheres que dão valor à intuição e não caem em tolas ilusões e falsas promessas de relacionamentos fadados à infelicidade. Saibam que seus filhos precisam de mães assim: autoconfiantes, fortes e que dificilmente são enganadas.

Dedico este livro à medicina, que pode estimular os ovários de uma mulher para que haja mais produção de óvulos mensais, em vez de somente um. Congelar tais óvulos e brigar contra o tempo do envelhecimento. Receber doação de sêmen e congelá-lo para avaliar sua saúde sanguínea seis meses depois. Congelar óvulos e espermatozoides submersos em nitrogênio a menos de 160 graus Celsius. Deixá-los armazenados por anos. Congelar embriões também. Retirar de um embrião microscópico uma célula mais microscópica ainda e, assim, tornar possível a avaliação genética. Descongelar um embrião e inseri-lo em seu hábitat natural e ideal: o útero. Salve, salve a maravilha que é a medicina!

Às mulheres que fazem parte do grupo que criei no WhatsApp focado em mulheres solteiras heterossexuais e que querem seriamente alcançar a maternidade. Meninas, se eu consegui, vocês também conseguem. Um beijo real para vocês!

Dedico este livro especialmente a todas as mulheres hétero e solteiras que já realizaram ou buscam a maternidade. Não tenham medo de uma produção independente e nunca esqueçam: nós somos verdadeiras guerreiras!

Por fim, dedico este livro a todas as mulheres que, de uma forma ou de outra, são o alicerce na vida de seus filhos. Elas os criam sozinhas com verdadeira garra, foco e responsabilidade.

❀
MEU ETERNO AGRADECIMENTO

Agradeço ao doador anônimo que tornou possível a realização do meu sonho maior. Impossível não chorar agora. A você, seja lá quem for, esteja onde estiver, se ainda está entre nós ou já se foi para outro plano, a minha eterna gratidão. Sobre você conheço apenas as características físicas. Não sei sobre a sua vida, não sei que tipo de homem você é. Não sei se é bonito ou feio. Rico ou pobre. Hétero ou homossexual. Não sei que profissão você exerce ou se exerce. Não sei se você é um rapaz de uns 20 anos, um homem maduro ou mais velho.

Não sei se é um chato de galocha para quem eu nunca olharia com segundas intenções, pois detesto gente chata. De repente você é supergente boa. Ou não. O que será que você gosta de fazer nos fins de semana? Será que você é baladeiro ou mais caseiro? Fanático por esportes, plantas. Você é o churrasqueiro da galera ou o folgado de sempre? Você toparia virar a noite jogando "Imagem & Ação"? Você faz o tipo mais comédia ou mais o cara sério e compenetrado?

Será que você é um amante das artes assim como o meu paidrasto? Hum... gostei. Ou será que você é um cientista como o meu avô... Gostei também. Será que você se importa com uma comunidade carente, trabalha pela melhoria da saúde de pessoas debilitadas, é voltado para a agronomia, possui um cargo importante na ONU... Será que você se assemelha a um dos meus tios? Hum... Sei lá eu se você tem jeito de nerd, orelha de abano ou cara de ET. Talvez você seja um gato, lindo de morrer. Um dom-juan. Será?

E que manias você tem? Quais são as suas chatices, os seus pontos fracos? Sim, pois perfeito você não é. Ou talvez na sua imperfeição você seja perfeito, pois colaborou para a minha perfeição. A perfeição de tornar possível que eu gerasse um serzinho em meu ventre e, assim, me tornar mãe.

Não sei por que você resolveu doar suas sementes. Confesso que isso é algo que muito me intriga. Gay, padre? Carência sua? Será que você já é pai? Será que você viveu alguma situação familiar em que alguém não pôde gerar filhos e por isso você se solidarizou com a "causa"? O que será que você passou na vida para resolver propagar a espécie desse modo? Com tanta mulher disponível querendo construir uma família, mesmo assim doou parte de você. Corre o risco de nunca saber se a sua doação foi escolhida por alguém. Como um anonimato. Mas é impossível que você seja um homem mau. Pois tamanha doação só vem de quem tem um coração grandioso. Mesmo que tenha sido em um clique de loucura. Mesmo que você tenha doado em dois segundos de surto. Eu agradeço esse surto.

O que será que veio junto com a sua genética? O tempo dirá. Que Deus, os anjos, arcanjos, Buda, Gandhi, Oxum, Oxalá e toda a junção da energia mais pura do universo protejam e abençoem você. E que a sua vida seja sempre iluminada. Espero que você seja um homem feliz e amado verdadeiramente. Mesmo que você não esteja em um relacionamento íntimo, mas que tenha amigos e familiares que o amem verdadeiramente. Assim como os que eu tenho. Tenha certeza absoluta de que eu sempre honrarei devidamente o fruto que virou a junção das nossas sementes. A você, muito obrigada. Ah... e quando o meu filho perguntar quem é o pai biológico dele, eu responderei:

"Um homem muito bom, dono desses seus olhos lindos ou dessas suas bochechas fofas que, com certeza, não são minhas". Obrigada. P.S.: Se um dia eu precisar ir atrás de você, eu irei. Não sei se você sabe, mas isso é possível judicialmente. Principalmente se for para salvar a vida do meu filho. E se um dia ele sentir uma profunda e real necessidade de conhecê-lo, eu vou respirar fundo e tentar buscar informações. E seja o que Deus quiser. Desde que meu filho seja feliz, tudo certo. Obrigada pela sua existência.

❀
PREFÁCIO

Há que se ter cautela com essa gente que menstrua.
Elisa Lucinda

A Denise foi minha aluna na graduação do curso de Pedagogia e, desde aquele tempo, tinha o perfil de uma estudante atenta a tudo a sua volta, perspicaz e conectada com as questões da vida. Talvez por isso sempre trouxesse um brilho no olhar, um sorriso no rosto e, sobretudo, uma postura inquieta perante o conhecimento. Participava muito das aulas e, ao apresentar seminários, sempre inovava... Um dia compôs um hip-hop, com direito a coreografia e tudo. Confesso, ela é uma estudante que toda professora gostaria de encontrar.

Formou-se pedagoga, e o nosso contato continuou por meio das redes sociais; não demorou muito e lá estava a Denise inaugurando a sua clínica de psicopedagogia, deixando claro em seus posts a paixão pelo trabalho e o encantamento com o processo de desenvolvimento infantil; obviamente, entre um post e outro estava lá o relato de suas viagens, descrevendo a riqueza que é estar em contato com a cultura do outro. Pensava comigo: "Esta menina é danada, ela vai longe". Mais um pouquinho de tempo e vem o convite para o lançamento de seu livro *Tapa na bunda*, revelando-se uma pessoa inquieta e, como dizia Rubem Alves, "com cócegas nas ideias, não consegue ver a vida passar pelos seus olhos sem participar dela efetivamente".

O bom de conviver com pessoas assim é que sempre somos surpreendidos, e, ano passado, tive a grata surpresa de saber que a Denise seria mãe! Olhava os seus posts nas redes sociais e ficava feliz com a sua felicidade, e, vendo uma publicação e outra, aparecia só ela com a sua alegria. À medida que o tempo foi passando, a barriga aumentando e nenhum parceiro do seu lado, pensei que algo estaria acontecendo, mas nunca imaginei o que de fato poderia ser. Qual foi a minha surpresa quando soube que era uma produção independente. Quase me faltou o ar, pois fiquei imaginando aquela jovenzinha estudante de Pedagogia surpreendendo o mundo, como era de se esperar... O fôlego quase faltou de vez quando recebi o convite para fazer este prefácio.

Ao ler o livro, fui me questionando sobre as fragilidades que carregamos, sujeitas a relacionamentos violentos apenas para, muitas vezes, nos encaixarmos no padrão de felicidade que a sociedade patriarcal impõe. Assim, este livro traz a esperança de que os condicionantes sociais, por nós absorvidos como verdades, gradativamente irão se romper a partir de decisões como essa da Denise e de muitas mulheres que enfrentam o Barba Azul (mulheres, leiam esse conto!) e não mais se submetem à prisão física e psicológica que historicamente foi construída para nossa morada.

Talvez a Denise não tenha pensado nisso, mas a sua decisão, tão forte, graciosa e sublime, reflete a luta das feministas para alavancar o poder que muitas vezes está adormecido em nós; a mudez imposta é responsável por inúmeros tipos de violência e morte de mulheres. Então, vem a Denise, reafirmando muitos outros gritos, e nos diz: "Mulheres, nós podemos ser e fazer o que quisermos".

♡ Produção independente

Assim, a leitura deste livro, talvez por ser escrito em primeira pessoa, nos faz incorporar o seu discurso, ou seja, dá para vivenciar o desejo de ser mãe, de sentir a ansiedade que requer o passo a passo do planejamento, dá para se entristecer com o resultado negativo do exame e chorar com o resultado positivo depois de outras tentativas. Enfim, acima de tudo, é um livro sobre o empoderamento feminino, por isso, como afirma Elisa Lucinda, *há que se ter cautela com essa gente que menstrua.*

Giane Fregolente

❀
CARTA AO MEU BEBÊ

Denguinho da mamãe, meu toquinho

Nem cheguei à segunda linha e meus olhos já se encheram de lágrimas.
Sabe, eu quero muito ter você. Quero muito sentir na pele a sensação de ser mãe. Eu ainda tenho 35 anos, mas não quero esperar mais. Talvez a frase correta seja "eu já tenho 35 anos". Vivo em uma época em que fazer o que estou fazendo aos 35 anos é considerado algo meio cedo demais. Isso pelas cabeças mais preconceituosas e pelos corações confusos. E pelas mentes extremamente capitalistas e modernas. Penso eu que agora é a hora, não deixar para pensar no assunto quando já tiver passado dos 40. Ainda seria possível, só que mais difícil. Sei muito bem o que quero: eu quero ter você. Se eu choro tanto agora, imagine quando você estiver firminho dentro de mim se desenvolvendo plenamente, coladinho no meu útero...
Sabia que eu não estou com medo de ter você sozinha? Não estou. Sabia que eu não estou com medo da cobrança por você

não ter alguém para chamar de pai? Não estou. Estou longe da perfeição, mas tenho a convicção de que, na balança, eu farei um excelente trabalho.

Sabia que imagino você crescendo dentro de mim e eu sendo a grávida mais linda e dengosa de todos os tempos? É sério. Pode se preparar. Você vai ouvir muito coisas do tipo: "Sua mãe é uma mulher de fibra. Guerreira. Corajosa. Quis ter você, enfiou isso na cabeça e nós todos só podíamos apoiá-la. Ela não estava nem aí para quem não a apoiasse. Sua mãe se mostrou sempre aberta a refletir sobre qualquer ponto que fosse, mas nunca admitiu ouvir frases preconceituosas e que não respeitassem o desejo dela de ser mãe. Mesmo que sem um companheiro".

Amorzinho da mamãe, saiba desde já que sua mãezinha aqui sempre foi meio polêmica. Sempre fui alérgica à hipocrisia e sempre fugi de relacionamentos amarrados na infelicidade. Relacionamentos fadados ao fracasso.

Tenho certeza de que o melhor exemplo de relacionamento que posso lhe dar é ser feliz comigo mesma. Se no meio do nosso caminho (sim, pois você já existe dentro de mim) eu conhecer alguém legal, esse alguém saberá que você em breve existirá em carne e osso. E mesmo que esse alguém diga que quer que você seja carne e osso dele também, sabe o que eu diria hoje? "Não!" Não quero correr o risco de vê-lo sofrer com um casamento infeliz, fruto dessa relação. De jeito nenhum.

Se eu conhecer alguém, que esse alguém agregue coisas boas às nossas vidas: à minha e à sua. Nós não precisamos de dor de cabeça, não é mesmo?

Sabe, meu "mô deuse", eu já estou me despedindo do meu carro. Sim, pois o meu lindíssimo 500 pérola com banco vermelho será insuficiente para você ano que vem. Exatamente: ano que vem. Até já olhei na Amazon.com um porta-tralha de bebê pra carro para facilitar a nossa vida.

Eu tenho até procurado um apartamento maior pra gente, sabia? Ontem eu vi um que, aliás, adorei. Ai, ai, ai, espero que dê certo. Cruze seus dedinhos espirituais aí pela mamãe, para

♡ Produção independente

que dê tudo certo. O apartamento atual da mamãe dá certo pra gente, sim, mas tenho certeza de que você vai adorar morar em um prédio novo.

Eu tenho um plano: virar este ano com você dentro de mim e que no próximo Natal você esteja ganhando presente da família toda.

Ninguém tem bola de cristal, meu denguinho, mas é com muito orgulho e muita humildade que eu quero dizer uma coisa pra você: tenho a impressão de que no final das contas eu farei um bom trabalho.

Já vou logo avisando: sou brava, sim, viu? Aqui não tem moleza, não. Só quero ver se o meu coração derretido vai me deixar cumprir na prática tudo que prego na clínica. Eu creio que sim, pois sua mãezinha aqui sempre foi muito pé no chão, convicta dos valores estruturados na base familiar. E também tenho plena certeza de que sempre orientei os pais dos meus pacientes com bom senso e dentro do possível de cada realidade. Afinal, eu não prego a utopia, prego o que é possível e real.

E por falar nisso, meu denguinho, eu vejo todos os dias crianças felizes e infelizes frutos de adoção, de divórcio ou de casais ainda juntos. Aliás, o que eu mais vejo são crianças infelizes de casais ainda juntos. Eu acho uma pena, pois muitos casais, em vez de se esforçarem para viver melhor, com mais amor, com mais companheirismo e cumplicidade, fazem o contrário. Vivem sob o mesmo teto, mas de modo infeliz. E por isso, meu coraçãozinho, muitos filhos estão vivenciando e crescendo em sofrimento.

Você pode ter certeza de que se um dia eu colocar alguém junto de nós dois, esse alguém terá que ser muito, muito bom, pois nós não precisamos de ninguém. Querer é uma coisa. Precisar é outra. Essa pessoa será bem-vinda, desde que acrescente algo de verdade.

Cá entre nós, o sujeito tem que ser muito bom mesmo, não é? Não preciso do dinheiro de ninguém, portanto não aceitarei palhaçadas por causa de um cartão de crédito. Eu tenho o meu, obrigada. Não preciso de cérebro alheio, afinal, o meu funciona

19

muito bem, diga-se de passagem. Graças ao banco de sêmen, também não preciso me deitar com qualquer um para conseguir espermatozoides. Aliás, isso é algo que não combina nem um pouco comigo. Eu jamais teria relações sexuais com alguém apenas para engravidar e ponto final. Eu jamais faria isso. Nem com o sujeito, nem comigo. Muito menos com você. Ou seja, meu toquinho, um sujeito que vier a nós tem apenas que acrescentar amor, cuidado, respeito e companheirismo. E ser legal, né? Odeio gente chata.

Meu amor, eu já tive as minhas dores, as minhas decepções. Muitas, se bem posso dizer. Mas o meu desejo por você é maior. O meu amor por você é maior.

Você nem existe ainda dentro de um tubo de ensaio e eu já te amo muito.

Sabia que eu já comprei roupinha pra você? Pois é, anos atrás eu comprei um conjuntinho de roupa de ursinho. Ai, meu Deus, como eu amo coisas de ursinho! É muito fofo! Comprei um conjuntinho bege escrito "I love mommy", em uma de minhas viagens aos Estados Unidos. Na verdade, comprei outras roupinhas também, mas dei de presente às minhas amigas que tiveram bebês. Mas essa roupinha de ursinho merece até vitrine, pois nunca tive coragem de dar para ninguém. Era para ser sua.

Sábado passado fui a um outlet de marcas de boa qualidade. Fiz até amizade. Uma gestante de barrigão me perguntou se era menino ou menina. Imagine só, eu com uma barriga reta, quase como uma tábua... hahaha... Eu respondi: "Ainda não sei", dando a entender que eu estava no meu primeiro ou segundo mês de gestação.

Sabe, "mô deusinho", eu nem tenho você ainda, nem sei se será menino ou menina, mas já te amo. Nesta semana eu tive uma discussão com a vovó. É que ela está muito preocupada comigo. E com você também. A vovó tem um monte de medo. Medo bobo e medo não bobo. E como eu te quero muito, descontei tudo na vovó, tadinha dela. Eu merecia uns tapas na bunda. Muito bem dados. Mas depois a vovó já começou a perguntar um montão de

♡ Produção independente

coisas sobre você e daí eu senti que ela já estava amando a ideia de ter você. Pois é, a vovó já estava te amando. O vovô te ama desde o momento em que eu falei que ia ter você sozinha. O vovô chorou. Ele é tão bobo, você vai ver! A vovó adora comprar coisas bonitas e coisas fofas. Aliás, falando nisso, meu "mozinho", isso é muito bom, pois a vovó vai comprar tudo lindo, você vai ver.

Coisa fofa da mamãe, deixe-me falar uma coisa: você vai dormir grudadinho com a mamãe, mas só um pouquinho, viu? Vai brincar no chão com a mamãe, vai poder lamber o chão de vez em quando, pode ter certeza. A mamãe não é fresca, não. Mas não provoque a mamãe pra não levar tapa na bunda, tá? A mamãe é durona, viu? Já tô avisando! Mas, meu amorzinho, uma coisa eu garanto: posso cometer diversos erros, diversas falhas, mas juro pelo amor que já tenho por você que jamais será um filho perdido. Eu tenho muitas amigas, muitas escolas queridas, muitas famílias na clínica que se importam comigo, muita gente bacana à minha volta... Tenho fibra, mas também capacidade para colocar a cabeça no travesseiro e pensar com calma.

Eu já te amo muito e você já é dono do meu coração. Venha logo pra cá!

Um beijo da mamãe!

- CAPÍTULO 1 -
SER MÃE: UM "SER OU NÃO SER" FORA DE QUESTÃO

A decisão de ter um filho é muito séria.
É decidir ter para sempre o coração fora do corpo.

Cuba, julho de 2013

Nem sei por onde começar. Ou sei mais ou menos. Quando penso em escrever sobre isso, vem à mente uma miscelânea de palavras, sentimentos, imagens, cenas da vida, medos, desejos e aflições. Bem, tudo começou quando eu tinha 28 anos. Eu já havia tido alguns namorados, observado muitas relações alheias e já pensava:

"Eu nunca vou ter um filho com um cara qualquer. Não quero me casar com o primeiro idiota que aparecer na minha frente e ter um filho com ele. Depois fico aí, infeliz, como muitas mulheres nessa situação".

Uma vez, há uns dez anos, um tio (tio Cau) me disse algo que eu nunca esqueci:

"Ninguém tem que ser valorizado porque respeita o outro. Se

nem respeita, então não é uma pessoa para um relacionamento. Ninguém tem que ser valorizado porque ouve com calma, dialoga, flexibiliza, consegue reconhecer os próprios erros, gosta da sua companhia, cuida de você etc. Tudo isso é pré--requisito para um relacionamento. Se a pessoa é diferente disso, pensa e age diferente disso, então não quer estar em uma relação. A mesma coisa sobre ter um trabalho e se comportar de forma decente".

Concordo plenamente com meu tio.

No entanto, o que vemos muito por aí são pessoas individualistas, orgulhosas e que não querem abrir mão de nada em um relacionamento. E não tem jeito: para viver a dois é preciso ceder, flexibilizar, tolerar etc.

O ponto é: o que tolerar. Até onde tolerar. Qual é o limite entre ser flexível e bancar a boba, ingênua, iludida, a otária mesmo. A trouxa. Está aí algo para o qual nunca tive vocação: ser trouxa.

Digo mais: qual é o limite entre a flexibilidade e a burrice? Entre o amor ao outro e a falta de amor-próprio? O que é procurar pelo em ovo e o que é insistir em viver na cegueira?

Uma pessoa muito querida um dia me disse que uma das diferenças entre mim e muitas mulheres é que eu nunca tive medo de enxergar a verdade. E que eu também nunca enxergo um quadrado de estrelinhas reluzentes quando olho para um círculo. Eu olho para um círculo e enxergo um círculo. Se uma amiga olha para um círculo e enxerga um triângulo de pompom, eu digo algo do tipo: "É por isso que você vive o que vive. Quer saber? Até merece!". Tem gente que pede para sofrer. Eu não.

Quando uma pessoa tolera algo que passa a ser violento e agressivo para ela, a isso eu chamo de falta de amor-próprio.

Agressões físicas, xingamentos, vícios intensos... Tudo isso é muito fácil de ser enxergado e é intolerável. Basta ter um pingo de vergonha na cara (e olha que muita gente nem tem). Mas e as mentirinhas, enganações do dia a dia? E os pequenos mas constantes comentários que magoam, machucam, humilham você a cada dia? E a falta de boa vontade em querer compartilhar

♡ Produção independente

algo importante com você? Tudo isso passa despercebido na vida de muitos casais e vai tornando a vida infeliz. Tô fora!

Costumo dizer que a vida a dois não é feita de viagem anual para a Europa ou de grandes eventos sociais no fim do ano. Tudo isso quebra a rotina da relação, dá glamour ao cotidiano. Mas a vida a dois é feita com base no dia a dia. No modo como cada um dá bom-dia, na compreensão pela agenda atarefada de trabalho do outro, nas delicadezas de todo dia. E nas grosserias, omissões e na indiferença também.

Eu digo para as minhas amigas e para a família que a minha profissão sempre me ajudou muito. Sou terapeuta com foco na vida dos pimpolhos, ou seja, com foco no desenvolvimento infantil, tanto cognitivo quanto emocional, mas trabalho constantemente com a vida dos casais.

Há casais e casais. Há aqueles para os quais eu olho e penso: "Não quero isso para a minha vida. Jamais!". E há aqueles para os quais eu olho e penso: "Hum, isso eu quero. Que bacana! Existe mesmo o tal do amor".

Não há relação perfeita, se bem que tudo depende do que cada um julga como sendo perfeito. Mesmo em situações doentias, negativas e cruéis. Em terapia, é comum dizer que o par perfeito do masoquista é o sádico. Por exemplo, um homem que espanca uma mulher e uma mulher que aceita ser espancada formam um casal perfeito. Uma mulher com o padrão de se envolver com homens agressivos não fica satisfeita em uma relação com um homem mais sereno, que não a agrida.

Sempre tive aversão a relações doentias como essas e muitas outras.

Muitas pessoas dizem: "Olha, não vai escolher demais... ninguém é perfeito". Mas o que eu vejo é que tem muita gente se contentando com pouco. Principalmente as mulheres. Tem muita mulher se contentando com homem besta, homem babaca (desculpe a franqueza, mas é isso mesmo). Muita mulher fingindo que não vê muita coisa, aceitando muita idiotice, tolerando situações absurdamente humilhantes etc.

25

Só que eu nunca fui essa mulher. Nunca. Nem quando eu era uma adolescente de 15 anos de idade.

Também tem muita mulher que suporta situações que a magoam somente para ter uma companhia. Mas que companhia é essa que somente a magoa? Que companhia é essa que a deixa em casa frequentemente para ir ao bar com os amigos sem ter hora para voltar e achar ruim ter que dar satisfação? Meu amigo, se você está em uma relação, você tem que dar satisfação, sim, tá entendendo? Quem não quer dar satisfação então não tenha uma relação, ora essa...

Tô fora dessas cenas de novela.

É uma hipocrisia acreditar que você está acompanhada só porque há um ser de carne e osso ao seu lado. Estou farta de ver mulheres acompanhadas, porém sozinhas. Acredito piamente que essa é a pior solidão: estar com alguém que faz você se sentir sozinha. Tô fora dessa novela também.

Até mesmo mulheres grávidas se sentem sozinhas em casa, pois, muitas vezes, quem deveria ser companheiro não desempenha essa função. Deus me livre estar grávida e me sentir abandonada, mal-amada, menosprezada pelo meu companheiro. Uma vez tive um namorado que me pediu um filho. O sujeito não tinha dinheiro nem para pagar as próprias contas e ainda morava na casa da mãe. Quando ele me disse que queria conversar algo sério comigo, juro que pensei: "Lá vem ele querendo casar, quer ver?". Quando ele me pediu um filho, quase enfartei. Nem consegui levar a sério tal pedido. Era início de namoro, eu ainda estava no meu primeiro semestre de clínica, e ele não lidava bem com isso. Com isso o quê? Com o complexo de inferioridade. Eu estava cursando minha segunda faculdade, minha segunda especialização, e já havia ido aos Estados Unidos para fazer alguns estágios de aperfeiçoamento. Ele estava num patamar muito distante no quesito estudo e cultura – até mesmo quanto à visão de mundo, visão de futuro e possibilidades financeiras. Por isso eu bato na tecla de que não dá certo um relacionamento em que há uma diferença socioeducacional

♡ Produção independente

muito grande. Para alguns isso pode soar como preconceito. Para mim, é apenas vivência própria e observação de muitas e muitas vivências alheias. Enfim, aí o ser vem me pedir um filho! Affff... Deus, o que eu fiz para merecer? Tem gente que sai por aí fazendo filho sem pensar nas responsabilidades financeiras, em tudo que isso acarreta. Tem filho de qualquer jeito, cria de qualquer jeito, depois larga a criança em qualquer creche, sem se preocupar com a saúde. Não sou dessas, não!

O divórcio começa no namoro – a pessoa viu os sinais, mas os ignorou.

Nunca tive o sonho de ter filhos sozinha. Ou mal acompanhada. Pensava assim: "Quem vai me ajudar na gestação? Quem estará comigo na hora do parto? Quem vai me ajudar nos primeiros dias de vida do bebê? E quando o bebê ficar doente? E quando o bebê estiver maiorzinho, quem irá comigo ao médico, ao hospital? E quando eu ficar doente?

Eu ainda penso em quem vai me ajudar. Mas penso diferente sobre algumas peças do meu quebra-cabeça.

Hoje eu penso em ser mãe sozinha. Aliás, isso já está totalmente enraizado dentro da minha alma.

E assim o tempo foi passando.

Aos 33 anos, decidi ir a uma clínica de fertilização. O médico me disse que aos 34 há uma primeira queda considerável na qualidade dos óvulos. Aos 37, uma segunda queda. Aos 39, despenca. Saí de lá pensativa. Como o valor a ser investido para congelar os óvulos era alto, resolvi deixar a vida falar um pouco mais por si só.

Poucas semanas depois ganhei o Theo, meu segundo afilhado. O primeiro é o André. Ambos são primos. Lembro o choro pelo Skype quando a Viviane, mãe do Theo, me perguntou se eu aceitava ser madrinha dele. Ela me pegou em um momento supersensível da história da minha maternidade. Eu tinha acabado de visitar a tal clínica.

27

Madrinha do André e do Theo mesmo a distância. Um mora em Brasília e o outro em Pirenópolis. Sinto um carinho especial por eles. É o cargo atribuído a mim. A relação de confiança e cumplicidade que há entre mim e as mães. Não há prova maior de amor e confiança de uma mulher para outra quanto um convite para ser madrinha do seu filho.

E a minha vida continuava.

Segui pensando que não ficaria à mercê das decisões, sentimentos e desejos alheios para viver as minhas decisões, os meus sentimentos e os meus desejos. Então decidi agir.

Nunca é alto o preço a pagar pelo privilégio de pertencer a si mesmo.

Quando falei para a minha mãe que iria congelar meus óvulos, ela disse: "Você sabe que podem vir trigêmeos, não é?". Eu respondi: "Sei, sim, sempre tive essa ideia dentro de mim e acho que só assim para eu diminuir a minha eletricidade..."

Congelei os óvulos aos 34 anos. Agora eu tenho oito óvulos no freezer, ou, melhor dizendo, congelados a menos sei lá quantos graus Celsius no nitrogênio.

Alguns dias após o procedimento, um grande amigo me disse: "Denise, se a maioria das mulheres fizesse isso que você fez, elas não engravidariam de um babaca qualquer em uma noitada ou de um namorado idiota, tendo depois esse tormento para o resto da vida".

Opa, tô dentro dessa novela.

A sensação que eu tive foi ótima.

Foi após o congelamento dos óvulos que me veio à mente uma frase de muito peso para mim: não quero viver a vida sem saber o que é isso. Esse negócio de ser mãe. De ter alguém crescendo dentro de mim. Viver a tal da maternidade. Esse amor incondicional.

Sempre babei observando roupinhas de bebê. Acho tudo muito fofo.

Sempre me enxerguei naqueles casais europeus que carregam gêmeos ou trigêmeos para cima e para baixo nos museus. Algumas amigas sempre me diziam que eu ficaria linda grávida. Elas diziam que me imaginavam alta e magra como sou, e apenas com o barrigão. E eu sempre amei ouvir isso. Acredito que serei mesmo uma grávida linda. E as roupas de gestante... não aquelas coisas horrorosas com cara de toalha de quinta categoria ou de Rosinha do Chico Bento, mas roupas fofas, divertidas... Sempre desejei ter.

Ah, mas filho é preocupação para a vida toda. É problema para a vida toda. Nunca mais uma mãe dorme tranquila sabendo que o filho está na rua. Oxe! E por acaso é diferente com homem? Tem muito homem que dá muito mais preocupação do que filho.

6 de maio de 2014
Início da noite.

Muita gente diz para não espalharmos aos quatro ventos um desejo, um sonho, antes de concretizá-lo. Bem, eu ando espalhando, aos poucos, aos oito ventos. Quer saber? Esse é um assunto sobre o qual todo mundo vai me perguntar mil coisas. Alguns por intromissão, outros por curiosidade, outros por admiração pela minha coragem e pelo meu desejo gigante de ser mãe. Só não estou dizendo ainda via Facebook. Lá somente vou postar quando a gestação estiver bem firminha, ou seja, lá pelo terceiro ou quarto mês.

Como esse assunto é polêmico e as pessoas falam demais mesmo, prefiro passar pela falação antes de engravidar. Ai de quem torrar a minha paciência durante a gestação com comentariozinhos desnecessários. Como se alguém pudesse dizer algo... É incrível como as pessoas são *experts* em saber mais sobre a sua vida do que você. É incrível como muitas pessoas se acham mais conhecedoras dos seus sentimentos do que você: de seus pensamentos, seus desejos, seus medos. Geralmente, as que mais dão pitaco são as que menos olham para o próprio umbigo. Pois bem, então agora resolvi abrir o jogo com um grande amigo meu. Apenas amigo. Sim, hétero... rsrs. Vamos chamá-lo de Gerência.

Fui direto ao ponto, como sempre, e ouvi coisas de que eu já sabia: muito massa isso que eu falei, que eu estou certa, que eu sou mulherão, que homens hoje só querem farra mesmo, que é um dom esse negócio de ser mãe, uma transformação etc. Tudo que já sei desde a época das cavernas. E daí ele perguntou como fazia com o sêmen. Expliquei o que sei até hoje – mais detalhes somente daqui a duas semanas, quando eu for à clínica de fertilização novamente. E daí o Gerência disse que se pudesse ele ajudaria. Sabe aquela carinha amarela estilo *smile*, só que com os dois olhos arregalados? Pois é. Virei aquilo. Por um segundo desejei não ter mandado mensagem a ele. Mas confesso que por trezentos segundos eu adorei aquilo e tudo o mais que estaria por vir via mensagens: que seria uma honra me ajudar, que ele só não tem mais filhos porque não tem dinheiro (momento ficha técnica: já foi casado e tem um casal de filhos pequenos) e que, se tivesse dinheiro, reverteria a vasectomia.

No meio de uma mistura de *smile* com olhos arregalados, choro e um quê de "não faça isso, Denise", fomos conversando. Falei a ele sobre toda a problemática de ter um pai que não seja o meu companheiro, no seguinte sentido: eu estou para ter meu filho sozinha por falta de um companheiro adequado, e agora vem um amigo e diz para o tal espermatozoide não ser de um completo estranho para que o meu filho tenha alguém para chamar de pai.

Dois pontos: primeiro, ninguém pede exame de DNA do outro antes de casar. Ninguém pede exame de DNA do cônjuge para engravidar. Então deixe o meu filho em paz com o papai lá do estoque do banco de sêmen... Não vem fazer confusão na minha cabeça, não, ora essa! Eu feliz da vida com a minha decisão e vem um amigo dar um nó na minha cabeça. Olha o rolo!

♡ Produção independente

Por outro lado, seria ótimo saber que teria um ombro amigo durante a gestação, que teria um querido comigo, o próprio pai da criança na hora do parto, que teria com certeza alguém para gritar de madrugada por socorro... Espere aí! E quem disse que terei esse companheirão? Por enquanto o Gerência apenas falou em doar o bichinho dele. Pois é, mas eu duvido que ele vá conseguir ficar longe, neutro, indiferente.

Momento "Denise chamando o cérebro! Denise chamando o cérebro!". Se eu estivesse sozinha mesmo (como estou) devido às circunstâncias, seria tudo do meu jeito: sem família de doador dando pitaco, sem intromissão sem pé nem cabeça... Mas e com o Gerência no meio da história? Meu filho moraria comigo, é óbvio. Eu decidiria tudo sobre ele: escola, festa de aniversário, convênio médico — aliás, eu pagaria tudo; e o contato com o Gerência, como seria? Como se fosse um dos amigos da mamãe que de vez em quando cuida dele. Só que, em vez de chamar esse amigo de titio, vai chamá-lo de papai. E nas reuniões do Dia dos Pais na escola? Eita! O meu filho, no caso aqui, já teria dois irmãos! Oi? É isso? Mas que pai é esse que não paga as contas, que não está presente no dia a dia? Xiiii... viu só? Já tem muito caos nessa história. A minha história de produção independente é muito mais simples e sem essa telenovela toda.

E eu, que estava aqui toda feliz escrevendo empolgadíssima este livro, pesquisando mil sites de roupinha de nenê e de gestante, olhando para o meu apartamento e pensando se troco por um maior ou se guardo o dinheiro por precaução, eu aqui pensando na minha concepção moderna, coisa de mulher forte, decidida etc., e agora tenho que lidar com isso. Vou te contar, viu?! Homens! Eu estou adorando a ideia de ser megamimada pelas minhas amigas, e agora vem um suposto pai caindo de paraquedas.

Nesse caso, sou obrigada a pensar se vou optar por um doador anônimo ou aceitar um amigo como doador. Quais riscos eu quero correr? Quais riscos prefiro correr? Quais riscos eu vou decidir para o meu filho? Arre-égua! Ninguém merece.

31

Olha, agora eu entendo. Ainda nem tive o filhote e ele já está exigindo uma responsabilidade exorbitante de mim. Realmente, filho dá muito trabalho!

Quer saber? Deixa quieto! Já que estou tendo um filho sozinha, então será sozinha mesmo. Como disse uma amiga, não dá para ter meio pai, meio amigo. Ou é ou não é. Eu é que não quero lidar com esquema de fim de semana com alguém que nem foi meu companheiro. Fora de cogitação, está decidido: my baby será my baby e fim de papo. Só da Denise, via FIV (fertilização in vitro), com doador anônimo de laboratório mesmo. Nada de historinha de amigo hétero com síndrome de salvador da pátria ou de amigo gay doido pra ser pai. Depois eu é que terei de aguentar as intromissões e as famílias dando pitaco. E, se bobear, o sujeito ainda vai exigir pensão no futuro. É ruim, hein... Decidi, bati o martelo!

Quase meia-noite. Ou seja, quase amanhã.

Fui tomada agora por um choro profundo. Uma vontade de abraçar a minha mãe. Não sei se foram as duas ou três taças de Chardonnay que tomei ou se foi o que o Gerência falou para mim. Sei lá, fui tomada por uma sensação de completude. Isso que o meu amigo me disse, sobre ele doar para mim, era como se o universo estivesse me dizendo: "Vai, garota! Seja mãe logo. Realize logo esse seu sonho".

Sabe, olhei para o meu apartamento agora e pensei: não preciso mais do que isso para o momento. Apartamento quitado de dois quartos – um meu e o outro, que hoje é uma belíssima sapateira, há de ter uma função maior em breve.

A segurança de ter o apartamento quitado é ótima. Para que me endividar justamente agora, meses antes de engravidar? Bem, amanhã, domingo, às 10 horas, vou ver um apartamento de três quartos na rua atrás da minha, pois já marquei com o corretor. Gosto do meu bairro. Zona sul, mas não muito badalado. Perto da minha clínica. E serve muito bem para um baby e eu. Apenas tenho de me livrar da sapateira. Fácil, afinal, eu não uso mesmo todos os 107 pares que acabei de contar...

17 de maio de 2014

Fui ver o tal apartamento de três quartos agora de manhã. Saí do prédio e passei na banca para ver os anúncios dos Classificados. Não sei se compro um apartamento maior logo ou se adapto o meu mesmo e guardo o dinheiro. Talvez seja o mais sábio. Até que gostei do apartamento. Deve dar para negociar um pouco o preço, como sempre. Mas como o prédio tem oito andares e apenas um elevador, então já está descartado. Deus me livre! Eu, no dia a dia, com criança no carrinho, bolsa, mochila, sacolas penduradas, igual a uma mãe-polvo, tendo que esperar um único elevador chegar vazio para poder entrar. E quando o elevador quebrar? Já era. Creio que, se eu achar um apartamento que me deixe bastante empolgada, aí sim posso marcar uma reunião no banco para pedir um empréstimo. Acredito que venderia fácil o meu. Está muito valorizado, mesmo que o mercado imobiliário não esteja em boa fase no momento. O que não quero é assumir uma dívida como autônoma-gestante *by myself* sem saber ao certo como será a minha situação na clínica devido ao projeto baby. Uma coisa de cada vez. Vou pesquisando com calma, olhando com calma, pensando com mais calma ainda. Quando algo me der um clique de verdade, aí penso com a calculadora na mão. Enquanto isso, a hora é de juntar dinheiro. Menos gastações com saídas exorbitantes e evitar supérfluos. Para isso eu sou boa. Minha mãe sempre disse que sou ótima para economizar. E sou mesmo. Quando tenho um objetivo, mantenho o foco.

Olhando agora detalhadamente para o quarto-sapateira (e escritório), consigo ver um aproveitamento muito bom do espaço. A bancada do computador, com seus armários e gavetas, eu manteria. Já seria a bancada para trocar o bebê. Na sala, posso mandar fazer um armário ou comprar uma estante para acomodar os livros e ainda ter espaço para os pacotões de fralda no próprio quarto do nenê. A estante com 8 nichos, 4 gavetinhas e 2 gavetões será perfeitamente adaptada para as roupinhas e enfeites do nenê. Minhas meias, bolsas estilo carteira (são "apenas" 33), mil echarpes e alguns casacões irão para o meu quarto mesmo. Espaço para o berço eu já achei: o que hoje é uma sapateira linda, de fazer qualquer mulher babar, sem as prateleiras do meio vira um espaço perfeito para o encaixe do berço. Minha foto de rosto que hoje está ali será substituída por uma do nenê dentro do meu barrigão. O vermelho forte de fundo da parede será substituído por outra cor. E a prateleira de fora a fora que fica nesse mesmo quarto, hoje exibindo todas as minhas bolsas, passará a ser usada para as coisas do nenê também, até porque, assim como os meus 107 pares de sapatos, eu também não uso todas as 36 bolsas que ali estão. Selecionando rapidamente o meu arsenal de bijuterias, separei pelo menos uns 50 itens (anéis, colares, pulseiras e brincos) que não uso. Hum, tive uma ideia: bazar à vista. Oba!

No dia seguinte...

Bazar via WhatsApp. Tudo muito organizado e enviado para amigas, conhecidas e algumas mães de pacientes. Dois dias de queima de estoque. Loucura total! Foi ótimo. Deu um bom lucro.

Se tem algo em que sou boa é em economizar. Quando coloco uma meta na cabeça que envolve dinheiro, foco nisso até realizar e ponto final. Muitas mulheres diriam que não têm dinheiro para congelar óvulos e fazer uma FIV (fertilização in vitro). Mas essas mesmas mulheres gastam horrores semanalmente em salões de beleza caríssimos. Frequentam bares e restaurantes finos. E nisso gastam com as roupas para tais ambientes. Maquiagens caríssimas também.

Eu fiz uma conta sobre quanto eu, grávida, vou economizar só por não beber álcool. Adoro abrir uma garrafa de vinho tinto durante a semana, sozinha em casa, e tomar uma ou duas taças assistindo a um filme. Quando saio com meus amigos, não sou da cervejinha. Sou do destilado. Às vezes vai um drinque, às vezes dois. Raramente três, pois o destilado é muito forte. Fazendo essa conta superficialmente, penso em uma economia de uns 500 reais. Isso porque moro em Ribeirão Preto. Imagine em bares de Brasília, São Paulo ou Rio de Janeiro... Com certeza eu gastaria mais.

Isso sem contar as entradas nas baladas, vallets, petiscos etc.

E quando alguma empresa tenta me lesar? Hahaha! Tenho até dó! Sou capaz de fazer um escândalo! Converso com calma, mostro tudo no papel, exijo meus direitos. Basta tentar me enrolar que boto a boca no trombone. Viva a existência das redes sociais! Como já disse anteriormente, não nasci para ser trouxa, ora essa.

Também sou muito boa em aproveitar promoções. Tanto em lojas físicas como nas Black Fridays, em viagens e via internet. Adoro os sites da China. Basta ter paciência e saber esperar a chegada dos itens. Feiras, ah, como amo! Sempre pechincho e me dou bem.

É tudo uma questão de prioridade em sua vida. Que gastos têm mais importância para você? Simples assim. Ponha tudo na ponta do lápis e faça as contas. Muitas mulheres acham que não poderiam pagar pelos procedimentos, mas poderiam, sim. Basta um pouco de organização. E saber quanto querem a maternidade.

9 de junho de 2014

Outro dia uma amiga pediu ajuda para organizar o chá de bebê do baby dela. Ela não tem passado muito bem na gestação. Bem, foi algo meio osmótico: ela mal pediu ajuda e eu disse: "Já sei. Estamos em junho, julho! Festa de São João (a criança se chama João). Além do cachorro-quente que você mencionou, pipoca e paçoca! Podemos decorar a sua sala com bandeirinhas de festa junina! Posso comprar pamonha fresca na feira de manhã cedo. Posso fazer brigadeiro de colher como lembrancinha. Quer? Olha essa foto! É da Páscoa deste ano para os pacientes da clínica. Modéstia à parte, ficou uma delícia o meu brigadeiro de colher. Várias mães até pediram a receita. Quer que eu faça?". Hahaha... Eu não sei a minha amiga, a dona do "São João", mas eu na mesma hora pensei: "É, parece que estou bem empolgada com esses assuntos de bebês".

Ouvi algo lindo da minha amiga quando ela viu a foto do que fiz na clínica, na Páscoa: "Nossa, você fez isso? Adorei! Eu não nasci pra isso. Preciso terceirizar. Você vai ser aquele tipo de mãe que faz tudo na festa do seu filho com um ano de antecedência e fica tudo lindo!".

AMEI, pois serei mesmo!

Não sou muito fã de excesso de gastos com festas infantis. Sou muito mais a favor de fazer uma mesa bem linda, com cara de "feito em casa com muito amor" e chamar as pessoas queridas. Pronto. Perfeito!

Aliás, quando penso no chá de bebê do meu baby, sei que terei dois: com os amigos em Ribeirão, e em Brasília com a família toda e as amigas da minha mãe. É óbvio que elas vão vibrar por mim e pela minha mãe, que, finalmente, vai virar vovó. Hahaha!

É muito gostoso escrever todos esses detalhes imaginários. Não vejo a hora de colocá-los em prática.

- CAPÍTULO 2 -
ESCANCARANDO O CORAÇÃO

Não existem mães solteiras. Existem mães.
Ser mãe não é um estado civil.
Papa Francisco

14 de julho de 2014

Sabe, é o seguinte: estou tomando uma decisão na minha vida que vai dar o que falar. As pessoas falam muito, se intrometem demais, acham que podem dar pitaco na vida alheia como bem entendem. E eu, como terapeuta infantil, já com certo nome no mercado de trabalho, autora de dois livros, colunista de emissoras de rádio e de revistas, comecei a escrever este livro quando fui a Cuba apresentar um trabalho sobre autismo. Cuba linda... Cuba me deu inspiração para este livro. Livro que talvez seja o mais emotivo de todos que eu venha a escrever durante toda a minha vida. Quero ser mãe.

Estou cansada. Exausta. De colecionar frustrações com os homens. Histórias minhas que não deram certo. Histórias de muitas amigas também. De muitas mães na clínica. Histórias de mães que ainda estão casadas, mas infelizes e frustradas.

Algo em comum entre mim e tais amigas: além de que não somos de se jogar fora, somos inteligentes, bem-sucedidas, independentes financeiramente e não fazemos o tipinho submisso de avental enquanto o maridinho fica na rua como um vira-lata. Pronto. Está dito.

Eu poderia escrever um capítulo bem extenso, diga-se de passagem, sobre os meus relacionamentos, mas não me interessa queimar a imagem de nenhum deles... rsrs. Não deu certo com nenhum deles e ponto. Eu também dei bobeira: percebi muitos problemas e mesmo assim persisti. Afinal, ninguém é perfeito. Mas, convenhamos, há defeitos que excluem algumas pessoas do grupo dos que querem um relacionamento sério de verdade, com companheirismo e todo aquele blá-blá-blá.

E por que não escrever sobre isso? Por que não transformar toda a gama complexa de amadurecimento das ideias, dos desejos, dos medos e fantasias em um livro que, tenho certeza, servirá de inspiração para muitas mulheres? Por isso estou aqui.

A sociedade é preconceituosa com tudo e com todos. Vivemos em um país ainda muito machista. Paciência. É no Brasil que eu vivo, é no Brasil que viverei, lidando com as consequências dos meus atos, das minhas escolhas. E quem não se atreve a ir em busca dos seus sonhos tem que lidar com as consequências da omissão para com a própria vida. Da escolha de uma vida morna e colocada em segundo plano. Tudo tem um preço. O ponto é saber qual preço você quer pagar. Qual preço faz você feliz.

A sociedade julga a mulher que não se casa. Julga a que se casa e não tem filhos. Pressiona o casal eternamente. Questiona o casal eternamente. A sociedade julga a mulher que se separa com filho pequeno. Julga o gay. Solteiro ou casado. Julga o heterossexual. Solteiro ou casado também. Ou seja, tudo é uma questão de saber até que ponto queremos ser julgados.

As pessoas que me conhecem sabem que sou tremendamente alérgica à hipocrisia. E ao excesso de intromissão e rótulos ignorantes também.

♡ Produção independente

Cabe aqui um trecho da música "Soul Parsifal", da banda Legião Urbana (eu e Legião, amor eterno):

Ninguém vai me dizer o que sentir
E eu vou cantar uma canção pra mim
Não falo pelos outros
Só falo por mim
Ninguém vai me dizer o que sentir

Nunca me esqueço de uma sessão em que uma mãe estava muito brava com certa situação entre ela e o marido. Sem saber absolutamente nada sobre a minha vida, ela me disse: "Olha, Denise, certa está você! Não casa mesmo, viu... Filho é bom demais, mas eu vou te falar uma coisa: a dor de cabeça que marido dá... pelo amor de Deus! Casa, não!". Rsrs. Mal sabia ela que a terapeuta infantil que vos fala nada mais é do que uma romântica incurável. Tanto que prefiro o preço da maternidade sozinha do que o risco de um casamento infeliz e medíocre, fadado a anos de comodismo e covardia. Não sei se me casarei um dia. Se me casar, pode até não ser com um príncipe, mas será com um ser que me deixará encantada.

- CAPÍTULO 3 -
Julgamentos, dúvidas e fantasias

Pra quem tem pensamento forte,
o impossível é só questão de opinião.

12 de agosto de 2014

No meu primeiro livro, *Tapa na bunda*, escrevi um capítulo chamado "Projeto de gente", em que eu falo que as pessoas fazem excelentes projetos de viagens, de compra de apartamento, de estudos, mas falham em não fazer um projeto de... gente. De filho. Pois bem, já que me recuso a viver o tão conhecido "casa de ferreiro, espeto de pau", resolvi fazer o meu projeto de gente.

O primeiro passo foi marcar uma conversa com o médico dos óvulos. Antes de congelar a parte que cabe a mim, eu disse a ele: "Então, tá. Vamos ver se eu entendi como funciona: você tira os óvulos e daí eles vão para o 'congelador'. Se eu resolver usar, usamos. Se eu resolver jogar fora, a gente joga 'no ralo', é isso?". Ele disse: "Sim, é isso".

Pois bem. Pessoa prática que sou, mas com a agenda bem ocupada, consegui marcar um horário para daqui a quase três semanas.

♡ Produção independente

Pontos que serão abordados na conversa: características físicas. Veja bem: se eu estivesse casada com um alemão, um negro, um japonês, um cara listrado, de estrelinha ou de bolinha, prevaleceria o DNA do sujeito e tudo bem. Afinal, estaríamos falando sobre uma situação em que existiria amor, companheirismo, cumplicidade e tudo o mais. Mas, como a realidade aqui é outra, é óbvio que eu quero o meu filho o mais semelhante possível a mim. Algo do tipo: "Favor pegar um doador com DNA de um branco e alto" já estaria de bom tamanho para mim.

Outro dia um amigo me disse: "Já que vai fazer, faz 'direito' e pede DNA de olho azul"! rsrs. Bem, até poderia, mas o ponto é que a situação já será diferenciada por não haver a figura "este é o meu pai", então pra que eu vou tacar um olho azul na criança se os meus são castanhos, e fazê-la ouvir a vida toda: "Nossa, você tem os olhos do seu pai, né?". Desnecessário.

Quanto às características físicas, podemos escolher apenas quesitos relacionados a altura, peso, cor, tipo de cabelo. Não há como verificar se o doador é orelhudo, narigudo, bochechudo, se tem o queixo avantajado etc.

E o risco de uma doença, de uma deficiência, um distúrbio, um transtorno... Sempre há. Qualquer um de nós pode nascer perfeito e adquirir uma sequela devido a um acidente, um assalto ou uma doença. Nunca fui irresponsável, mas não dá para viver a vida pensando assim. Não dá para não ser mãe por isso. Tô fora dessa vida de ser a rosa do Pequeno Príncipe colocada em uma redoma eterna. Tô fora também de criar filho assim. Disso eu tenho certeza absoluta.

As pessoas são muito cruéis ao dizer para uma mulher que ela só saberá certas coisas quando sentir na pele. Algumas coisas, com certeza. Mas muitas, não. Por exemplo, eu tenho certeza absoluta sobre certos valores que prego na teoria e pregarei na prática ao meu filho. Eu não preciso viver a prática para afirmar o que já sei. Sou uma mulher segura do que quero, do que penso e do que sei que aceito ou não, como os absurdos no quesito educação infantil.

41

Eu costumo dizer que quem quer arrumar uma desculpa para o próprio fracasso aponta bastante o dedo na cara do outro. De um jeito ou de outro, mas sempre aponta. É a covardia de cada um. Voltando ao assunto, quero dizer, ao doador dos espermatozoides: e quanto aos antecedentes criminais? Seria interessante saber. Mas, afinal, quanto isso importa de verdade? Venhamos e convenhamos: eu, mais do que ninguém, como terapeuta infantil e familiar, autora de dois livros, colunista, palestrante, sei muito bem que ser bandido não está nos genes da pessoa, mas sim no meio em que vive. Ok. Mas, por outro lado, e se um dia for necessário ir atrás do pai biológico, como em um caso de transplante, por exemplo? Aliás, esse é um ponto importante que quero conversar com o médico. Se a clínica pode entrar em contato com o doador em caso de emergência para verificar o interesse, ou não, em salvar a vida da criança em questão. Eu salvaria. Tenho certeza absoluta disso. Posso jurar pela vida do meu futuro bebê que eu salvaria.

Veja bem: no contrato da clínica de fertilização, eu assinei que os óvulos aspirados (e até o momento, congelados) são meus e de mais ninguém. Se eu morrer, eles vão para o ralo também. Mas agora, com o que estou vivendo, ou seja, a quase realização de uma FIV completamente solteira, eu penso em outras mulheres ou até mesmo em casais gays que precisam de um óvulo doado. Um ovulozinho doado pode realizar o sonho dessas pessoas.

Quando eu era mais nova, jamais pensei sobre fertilização in vitro com espermatozoide de doador anônimo. Isso nunca havia passado pela minha cabeça. Hoje encaro a situação de modo normal e com bastante segurança.

A gente vai vivendo e a vida vai mudando o nosso modo de pensar. Eu diria que as vivências ampliam nosso jeito de pensar.

Que maravilha saber que há pessoas que doam seus óvulos e seus espermatozoides. São pessoas que tornam possível a realização do sonho de tantas outras, seja lá por qual motivo for.

♡ Produção independente

Semana que vem eu tenho consulta para conversar sobre tudo isso que foi escrito. Já vou alterar o contrato. Sim, eu posso alterar na hora que quiser. E ai do médico se disser que quer implantar dois embriões em mim. Só quero um. Posso até tomar gosto pela coisa, mas estou solteira, ou seja, só quero um, pelo amor dos anjos e arcanjos!

Já imaginou a cena? Eu, solteira, autônoma (se não trabalho, não ganho), toda a família morando em Brasília, mãe de gêmeos ou trigêmeos... afff... Deus, tenha piedade de mim, por favor! Veja lá o que vai fazer, hein? Por outro lado, sempre me vi mãe de trigêmeos. Juro pela alma do meu bebê que há de nascer. Desde os meus 20 anos eu me enxergava mãe de trigêmeos, porém casada. E não como a vida realmente é nesse aspecto.

Não sei explicar a razão desse meu sentir e dispenso psicologia barata. As pessoas têm mania de querer entender tudo, e algumas coisas apenas são como são. Simples assim. Nunca esqueço quando, devido a um trabalho de faculdade, eu tive que perguntar para a minha mãe que nome teria se eu fosse menino. E ela me respondeu: "Sabe que eu nunca pensei nisso? Durante toda a gravidez era Denise e ponto final. Se nascesse menino, eu teria que pensar em um nome. Pra mim era Denise e pronto". Achei lindo. Se for menino, será Pedro. Ou Rafael.

16 de agosto de 2014

Logo, logo terei que me arrumar para sair com umas amigas. Vamos almoçar em um haras.

Eu tinha duas horas disponíveis agora cedo para escrever mais um trecho deste livro. Mas me empolguei no Instagram vendo roupas de bebês e em sites vendo roupas engraçadas de gestante. Perdi a hora.

43

Algumas são a minha cara. Tenho que usar! Camisões com desenho de zíper e um bebê dando uma espiadinha, por exemplo. Muito minha cara!

Terça ou quarta-feira um paciente faltou sem avisar. Sabe o que eu fiz? Entrei no site da Amazon e fiquei selecionando um monte de itens. Que delícia!

Mas sabe o melhor? Não é só isso. São as minhas amigas. Elas já estão sonhando com *my baby girl* ou *my baby boy*.

Eu, Denise, terapeuta infantil, apaixonada por crianças, toda moleca, toda cheia de energia, quero sentir na pele a maternidade.

Tive uma terapeuta muitos anos atrás que me disse em uma sessão (sobre um assunto totalmente diferente do abordado aqui): "Vontade dá e passa. A gente não tem que realizar todas as nossas vontades, pois depois vem a consequência". Concordo plenamente, e ela nem imagina quanto eu uso essa frase na minha vida pessoal e também na profissional.

Eu não preciso provar certas coisas na vida pra saber que gosto têm. Eu não preciso provar certas coisas pra saber que não as quero em minha vida. Mas o gosto de ser mãe, esse eu quero provar.

Acordar de madrugada. Não dormir. Mal dormir. Correr para o pediatra. Trocar uma fralda e ter que trocar outra dois minutos depois. Fazer papinha de nenê. Dar banho em nenê. No meu nenê.

Olhar aquela carinha e me segurar para não mordê-la todinha. Sentir aquele cheirinho de nenê que fica impregnado na cama da gente. Falar tudo com "inha" e "inho" o tempo todo. Ir à rua e ver a reação das pessoas dizendo: "Ai, meu Deus, que coisa fofa. Posso pegar? Posso tirar uma foto? Como se chama? Quantos meses tem? Que fofura!".

Algo me diz que serei incrivelmente paparicada pelos meus amigos. Sem contar algumas famílias de pacientes. Devo ser mesmo muito abençoada por Deus. Tem muita gente na torcida por mim. Muita gente querendo me ver feliz.

Gostaria de ser uma super-heroína agora para escrever de uma vez todas as frases que passam pela minha cabeça.

♡ PRODUÇÃO INDEPENDENTE

Acho que só vou falar deste livro para o meu editor quando eu estiver de barrigão, pelo menos.

Sorte da minha mãe. Temos uma viagem marcada para Miami em outubro (eu, ela e "apenas" cinco ou seis amigas dela). As amigas da minha mãe me adoram. Elas me viram crescer, me têm no coração... Minha mãe que se prepare!

Tenho altos planos para essa viagem. Se bobear, minha cria já estará fecundada, congelada, esperando que o útero volte das compras em Miami para poder crescer e se desenvolver.

E por falar nisso, hoje, com duas amigas queridas, surgiram dois pontos: ácido fólico e óleo de amêndoas. Óleo puro, e não aquelas porcarias malcheirosas com etiqueta famosinha, mas sem qualidade real nos rótulos.

É bom saber que ainda tenho alguns meses antes da viagem para Miami. Assim posso pensar com calma, amadurecer bastante a ideia. Aliás, vale dizer que eu penso nisso desde os meus 28 anos. Estou com 35. E não quero ser mãe aos 43, 45. Nada contra as que são, de forma alguma, mas muitas que se tornam mães tardiamente gostariam de ter sido mães mais jovens. Como sou bem realista perante a falta de qualidade dos companheiros (in)disponíveis, e se posso (e quero) ser mãe antes, por que não? Melhor. O corpo agradece. Os hormônios também. A energia de moleca mais ainda, pois todos que me conhecem sabem que sou ligada nos 880 volts. Um companheiro, um parceiro, pode vir no meio disso tudo. Ninguém sabe. Mas eu é que não vou ficar sentada como atriz coadjuvante vendo a areia da minha ampulheta acabar. Não nasci para ficar sentada nem para ser coadjuvante de mim mesma.

Então vamos ver o que poderei pensar de agora até outubro que possa ser diferente do que penso desde os meus 28 anos.

Estou pensando, sim, e muito, principalmente nas roupinhas de bebê.

Por que será que tenho a "leve" impressão de que as minhas malas voltarão de Miami abarrotadas de roupinhas de nenê e artigos cômicos também?

Quando eu falei para uma amiga – ela tem uma filhinha e está grávida de um menino – que estou pensando seriamente em ser mãe sozinha e que vou para Miami em outubro, ela pulou a parte que ninguém aguenta mais ouvir (homens, relacionamentos) e disse assim: "Denise, você vai ficar doida vendo essas coisas em Miami! Depois eu passo a lista do que você tem que comprar, tá?". Morri de rir. É uma delícia esse apoio escancarado de cara. Bom demais! Sem filosofia, conversa fiada, julgamento. Muito bom!

Melhor foi ontem na balada. Outra amiga me disse: "Ai, ai, ai... Então quer dizer que daqui a um tempo o povo vai me chamar pra sair e eu vou ter que falar 'não posso, tenho que fazer sopa pra ajudar uma amiga (eu) que teve nenê'". Ai, ai, bom demais!

É o amor incondicional. Muito gostoso. Confesso que isso ajuda a acalmar a alma também. O sentimento de ser compreendida, aceita e acolhida. Tanto eu quanto o meu bebê que ainda nem existe.

Essa mesma amiga, quando a levei ao meu apartamento com a finalidade de me ajudar a pensar na adaptação do meu quarto--sapateira (sim, é isso mesmo; ou melhor, metade sapateira e metade escritório), olhou bem o quarto e disse: "Nossa, esse armário aqui é perfeito pra colocar coisas de bebê, e o berço vem aqui no meio" – e eu: "Exatamente o que eu pensei".

Na terça-feira seguinte eu organizei um bazar para vender sapatos, bolsas e bijuterias para as amigas, conhecidas e mães de pacientes. Meu pai eterno! Eu achei que o meu celular fosse explodir devido à reação da mulherada. Mas, também, tudo coisa boa, conservada e com pouco uso, muitos itens trazidos do exterior. Eu ainda fiz questão de enviar às mães a foto da minha sapateira de parede para que elas vissem o cuidado que sempre tive com meus sapatos. Mesmo sem usá-los, por terem dois centímetros de salto a mais do que estou acostumada ou por me machucarem em algum local dos pés (eu não tenho frescura, mas os meus pés têm).

Segunda-feira passada tomei vinho com duas amigas queridas que admiro muito. Elas amaram a ideia. Ficaram falando "oba, adorei, e vou ajudar a cuidar do bebê!".

Tenho um amigo que sempre me diz: "Anda logo com isso, que eu tô doido pra fazer as suas fotos de grávida. Estou tendo altas ideias na cabeça. Vai logo!".

Sinto profundamente que estou vivendo o meu pré pré-natal.

Daqui a um ano você vai desejar ter começado hoje.
Karen Lamb

Na sexta-feira eu vou à acupuntura. Vamos ver. A ideia é entrar em um estado maior de relaxamento do meu corpo e da minha mente.

Chega. Estou muito cansada. Amanhã, sábado, vou acordar cedo de qualquer forma. Vou a um bazar que caiu na minha mão: *outlet* de roupas de bebê. Pois é. O mundo está conspirando a meu favor, e vou retribuir. Uma queridíssima amiga da época de faculdade me disse: "Denise, essa criança já nasceu. Em espírito. Essa criança já existe".

Refletindo sem data fixa...

Diferente não significa errado.

Por que as pessoas sentem necessidade de questionar algo diferente como sendo negativo? Por que em um primeiro momento não olham como algo positivo? Às vezes me deparo com algumas pessoas que reagem da seguinte forma: "Jura? Que legal! Parabéns pela iniciativa! Parabéns pela coragem! Parabéns pela decisão de ser mãe!". E por aí vai.

Ainda não coloquei o embrião. Assim que a fertilização for feita, o exame de gravidez der positivo e um tempinho passar (os famosos três primeiros meses), com a barriguinha crescendo, começarão os questionamentos dos que ainda não sabem.

"Mas de quem é?"; "Ela é casada?"; "Voltou com o namorado?"

Não, gente! Eu sou solteira e fiz sozinha. Com doador anônimo de sêmen. De quem é? É meu, ora essa! Aliás, meu, meu e meu, 100% meu. Afinal, 50% são meus mesmo e os outros 50% passaram a ser meus também!

É claro que vou levantar a bandeira da maternidade. Não a bandeira do "tenha filhos sozinha", afinal, não é isso que eu penso. Mas, sim, a bandeira do "Se o tempo está passando e você quer muito ser mãe, seja! Mesmo que seja sem um companheiro. A medicina de hoje permite isso!".

No futuro será muito simples. Da mesma forma que todo filho pergunta aos pais de onde veio, como foi parar dentro da barriga da mãe, se foi a cegonha que trouxe, semente de melancia, como saiu de lá, por que os pais de divorciaram, por que o papai trocou você por outra mulher, quem são meus pais biológicos e onde você me adotou, meu filho vai perguntar parte disso aí e também quem é o pai biológico. Vou respirar fundo e dizer: "Seu pai é um homem muito bacana que deixou a sementinha dele na loja de sementes. E daí a mamãe foi lá e comprou a sementinha. Só eu comprei a sementinha do papai. Mais ninguém".

Eu, terapeuta infantil, sei muito bem que meu filho vai falar algo como: "Ah, tá". E sei também que alguns dias, semanas ou meses depois ele vai perguntar: "Como assim, ele deixou a semente lá?". E daí eu terei que começar toda a filosofia que engloba o assunto.

Se ele perguntar como é o pai, eu vou dizer: "Seu pai tem 1,80 metro de altura, pesa 80 quilos, é branco como a mamãe e tem olhos e cabelos castanhos como os da mamãe também. Posso garantir que ele tem uma saúde muito boa e é um cara muito responsável, pois deixar a sementinha na loja não é para qualquer um. Ele trabalha com contabilidade, gosta de cachorro e de corrida de rua, macarrão e salada, e adora a banda Legião Urbana, assim como a mamãe. A mamãe sempre foi fã da Legião Urbana e foi isso que a mamãe viu de especial no papai. Então a mamãe pensou: "Achei a sementinha especial para poder fazer o nenê que eu tanto quero!".

♡ Produção independente

Sei também que vou ouvir coisas que todas as mães e todos os pais ouvem. Coisas que destroem uma mãe e um pai por dentro: "Você é muito chata! Você é a pior mãe do mundo! Eu odeio você!".

Crianças adotivas em momento de surto de malcriação costumam dizer:

"Você não é a minha mãe de verdade! Eu quero a minha mãe!" – isso destroça qualquer mãe (adotiva).

No meu caso, algo me diz que eu corro o grande risco de um dia ouvir a pérola:

"Você não me deu um pai de verdade! Eu nunca vou conhecer meu pai de verdade e a culpa é sua! Eu não pedi pra nascer!".

Além de umas boas palmadas que meu filho poderá levar na hora, e de ficar sem o tablet ou coisa parecida, espero ter autocontrole suficiente e iluminação divina para conseguir controlar a situação.

Até lá pode ser que eu esteja com um companheiro, que não será o pai biológico do meu filho. Ou pode ser que eu esteja solteira mesmo. Não tem jeito. Como terapeuta "pé no chão" que sou, bem direta e objetiva, terei que ter forças para encarar a situação e dizer:

"É verdade, meu filho. Tudo isso que você falou é verdade. Você não pediu para nascer, mas eu quis ter você. Eu poderia ter tido você com um monte de homem que a gente vê nas ruas, mas eu não quis isso. Se fosse para ter um filho com um desses homens que a gente vê nas ruas, não seria você. A semente seria outra. Você não existiria. Você não tem pai e eu entendo a sua tristeza e a sua curiosidade. Você tem a mim, sua mãe. Você não tem os pais brigando dentro de casa o tempo todo. Nem pais separados e um pai que nem dá bola para o filho, como o que acontece com o seu amigo fulaninho, por exemplo. E nós temos uma vida boa, não é mesmo? Eu sei que tudo isso que estou falando não preenche a vontade de conhecer e de ter o seu pai da semente ao seu lado, ao nosso lado. Mas então, meu amor, não há mais nada que eu possa dizer. Essa é a vida que você tem. É isso que eu posso te dar. E você terá que aprender a lidar com isso. Peço desculpas por isso, mas também agradeço a Deus por ter conseguido ter você. Pois só Ele, muitos amigos e familiares sabem quanto eu queria ter um filho e por isso eu fui à loja de sementes, mesmo sabendo que um dia você poderia me perguntar e me dizer tudo isso. Quer saber? Não me arrependo nem um pouco, pois o amor que eu tenho por você e a alegria de ter tido você na minha vida são maiores do que esse aborrecimento. Ah, meu filho, só pra constar, seu pai queria que alguma mulher pegasse a sementinha dele, caso contrário ele não teria deixado ela lá".

Tenho certeza de que, mais ou menos, é assim que será. Muito melhor tudo isso do que ter que dizer para o filho: "Seguinte, mamãe deu por aí e não faz ideia de quem é o seu pai".

E é muito melhor mesmo.

Um fruto de um desejo meu. De uma busca determinada. E não de uma noitada qualquer, um *flashback* com o namorado ou uma tentativa de reerguer um casamento fracassado.

Nem grávida estou, mas já tenho um orgulho enorme de mim. Ergo a bandeira mesmo, a favor de todas as mulheres que querem muito viver a maternidade. Se não deu certo com algum parceiro, por que não tentar por conta própria? Desde quando um parceiro em casa é garantia de felicidade e de criança feliz? Desde quando todo pai é um bom exemplo masculino? Da mesma forma, nem toda mãe é um bom exemplo.

Meu filho será fruto de um desejo gigante dentro de mim e uma coragem mais gigantesca ainda de encarar tudo isso. Eu, mãe, sei que no meio desse caminho terei que fazer muitos cortes pessoais, pois é agora que verei quem realmente torce pela minha felicidade. Verei quem morre de inveja por não ter coragem de ir atrás dos próprios sonhos, que abre mão de um desejo para viver a vida do outro ou por se contentar com uma relação mais ou menos.

Sinto muito, meu filho, sua mãe não nasceu para ter uma vida mais ou menos. Ou é mais, ou não é. Sou forte o suficiente para assumir as minhas escolhas e para fazer os ajustes sociais que serão necessários ao longo do caminho.

Se já sou leoa, imagine quando você estiver no meu útero e depois nos meus braços. Ai de quem se atrever a fazer ofensas contra você. Meu filho que se prepare, pois a vida dele não será tomada pela hipocrisia. Só por cima do meu cadáver.

Não mexa com o meu silêncio se não puder lidar com o meu barulho.

6 de outubro de 2014

Hoje, assistindo a uma reportagem na televisão, pela primeira vez pensei que talvez esse seja o tema do meu próximo livro: bullying. Será que vou sentir na pele? Tanto comigo quanto com o meu filho? Se eu sentir, com certeza vou escrever. Tudo em minhas mãos vira conteúdo.

Aguardemos. Não quero sofrer antes da hora. Até porque tenho a sensação e a certeza de que viverei uma gestação plena e tranquila. Então vou deixar para pensar nisso quando e se isso de fato acontecer.

20 de outubro de 2014

Fiquei pensando... vai chegar o dia em que meu filho vai falar pra mim: "Todo mundo tem pai, menos eu". Assim como: "Todo mundo tem cachorro, menos eu. Todo mundo foi pra Disney, menos eu. Todo mundo tem celular (com 5 anos), menos eu. Todo mundo tem sei lá o quê, menos eu". Arre-égua! Acho bom essa criança não me provocar muito, não; dou-lhe umas palmadas e ainda deixo de castigo! Rsrs...

Nesta semana aconteceu algo que me aborreceu muito. Uma pessoa que até então era uma querida (sim, pois é um fato: quem é contra filho nosso já vira inimiga imortal) me mandou

DENISE DIAS ♡

uma mensagem com papinho barato de tentar, sutilmente, me convencer de não fazer a FIV por produção independente. Eu, muito educada (com muito esforço em tal momento, diga-se de passagem), fui desconversando, dizendo quanto estou em paz, feliz e contente, e a pessoa não parava. Até a hora em que passei uma tesoura na conversa dizendo que ela pensasse nos próprios pensamentos e que não fizesse julgamento sem conhecer as circunstâncias, até porque eu não pedi a opinião daquele ser. Muito fácil julgar quando não se vive na pele do outro.

Isso me deixou muito aborrecida: a intromissão alheia.

Como as pessoas são muito corajosas vias internet, penso que passarei por muitos aborrecimentos semelhantes. Mas também sei que estou disposta a dar um "deleta" em um monte de relações chamadas de "amizades". Interessante, isso. Amizade compreende, apoia e fala palavras positivas. Ainda mais quando você não está fazendo nada errado, nem prejudicando ninguém.

Sei que em algum lugar deste livro eu já disse isso, mas vale a pena repetir: vou sim levantar a maior bandeira a favor da mulher, ir atrás da maternidade. Não existe esse papo de "não exponha o seu filho". Pessoal, atenção: não há como não expor. Vou querer o quê? Todo mundo perguntando baixinho quem é o pai, quem é o pai... Isso é muito pior. É muito mais bonito, maduro e saudável lidar com a história real. Aí você pode me dizer: "Denise, não ligue para o que os outros dizem, você não deve satisfação a ninguém". Sim, é um fato, mas enche o saco a falação de todo mundo.

Se você é solteira, todo mundo pergunta. Se você casou e ainda não teve filhos, todo mundo pergunta. Se você teve um, todo mundo quer saber quando virá o segundo. Ai, como o povo enche o saco. Então, se é para falar de mim, que falem a real. Eu estou transbordando de orgulho de tudo isso.

Ontem mesmo eu estava em um jantar com amigos e uma querida disse, sem saber da minha história, que está pensando em congelar os óvulos. Não pensei duas vezes. Na mesma hora contei a minha trajetória para servir de

♡ Produção independente

estímulo; o tempo vai passar e ela vai se arrepender se não congelar os óvulos, pois a maternidade é um assunto que ela quer viver. Essa conversa de ontem foi a prova viva de que preciso mesmo publicar este livro.

Quanto mais o tempo passa, mais lindo acho tudo isso que estou fazendo e vivendo. Estou louca para engravidar. Já tenho a data mais ou menos agendada (depende do dia em que eu menstruar em janeiro) da minha fertilização e tenho plena convicção de que vou engravidar de primeira e que terei uma gestação maravilhosamente tranquila, em paz e realizada. Não vejo a hora! É sério! 2016 vai voar para mim. Numa hora dessas, daqui a um ano, estarei com um bebê grudado em mim no *sling*. Maravilhoso!

Eu, terapeuta reconhecida, escritora de livros polêmicos, colunista de revistas e de emissoras de rádio, usarei a mídia a favor da divulgação dos fatos da minha história. É importante pensar nisso, assim o público terá acesso às informações corretas e não a fofocas inventadas por mentes maldosas e invejosas. Pessoas que não vão atrás dos próprios sonhos, por isso é muito mais fácil, cômodo e covarde tentar denegrir o sonho dos outros. Como diz um post que adoro: "Muitos que te chamam de louca gostariam de ter a sua loucura". Ótimo! Tive uma ideia: vou abrir cada capítulo deste livro com uma frase dos posts que circulam pelas redes sociais. Eu tenho uma coleção deles e servem como uma luva.

Tenho a impressão de que com a produção independente vou adentrar o mundo do preconceito sentido na pele. Aposto que muitas pessoas vão se identificar, o que não me trará mal algum como terapeuta clínica. Os hipócritas que fiquem longe, por favor. As pessoas que já tiveram ao menos uma sessão comigo sabem muito bem que não sou nem um pouco adepta da hipocrisia. Costumo dizer que hipocrisia me deixa empelotada, fecha a minha glote.

4 de janeiro de 2015

Há uns quatro dias aconteceu algo muito interessante. Um sujeito, que não saía do meu pé, continuou no meu pé. Então eu tive um plano mirabolante. Vou abrir o jogo com esse ser, assim ele vai desistir. Ai, como eu sou ingênua! Falei ao ser que não estou disponível a nenhum relacionamento agora, que estou totalmente em paz, alegre, feliz e contente com a minha produção independente; e ele, em vez de se afastar, como eu imaginava, parece que gamou mais. Aff... eu mereço! Mas, antes de se declarar gamado, ele disse a seguinte pérola: "Denise, eu vou te fazer uma pergunta, mas assim... tudo bem, viu! Na boa, não tem problema nenhum. Você é hétero ou homossexual?". Hahaha! Desculpe, querido leitor, mas não consigo me conter! Hahaha! A minha resposta para o indivíduo foi: "Querido, só porque vou fazer uma produção independente e não quero te conhecer, você acha que eu sou gay? Sem palavras!". Veja bem: o cara me paquera há séculos e eu nunca dei bola pra ele. O cara já viu fotos minhas com ex-namorado em rede social. Mas, só porque eu vou fazer uma produção independente, "virei gay". Não há prova mais concreta do que essa de que os homens precisam evoluir muito. Ai, ai, só rindo mesmo! O ser ainda me perguntou se será "natural". Eu ainda fui educadinha e respondi: "Banco de sêmen (florzinho, pensei eu); afinal, sair dando por aí e engravidar de um qualquer não combina muito comigo". Não é assim que vou ser mãe, não. Ai, ai, só rindo mesmo... Constantemente me pego pensando em como vou dizer isso na rede social. Outro dia uma amiga chutou o balde e jogou no Facebook que é um saco ser casada e todo mundo não parar de perguntar quando terão filhos – no caso deles, é porque o marido tem dificuldade para isso. Ela chutou o balde bonito. E algo me diz que vou comunicar já chutando também. Rsrs. Algo como:

"Atenção, senhoras e senhores, respeitável público, é com muita alegria, prazer e orgulho que eu anuncio que estou

♡ PRODUÇÃO INDEPENDENTE

perpetuando a nossa espécie! Sim, estou grávida! Não, não voltei com o ex. Não, não me casei. Não, não saí dando por aí. Se sou gay? Hahaha! Fofos e fofas do meu Facebook, sou nada mais nada menos do que uma mulher muito bem resolvida, forte e decidida, que não se sujeita a viver relacionamentos hipócritas. E como até hoje cavalheiros, sapos e cavalos não me conquistaram de fato, colocar em risco a maternidade, ainda em uma idade jovem e saudável, não quero. Não vou. Portanto, aqui está, senhoras e senhores, uma produção independente, com toda a segurança, responsabilidade e dignidade. O risco de não viver a maternidade, jamais. Tirei da mão do homem tal poder e coloquei na mão da medicina. Um amigo querido me disse: "Eu só não faço a mesma coisa que você porque não tenho uma coisa que você tem". Sim, querido, o útero. Então é isso, senhoras e senhores. Nasci para ser feliz e para realizar os meus sonhos. Maternidade, produção independente, aqui vou eu! P.S.: Os incomodados, os inconvenientes, os radicais, os preconceituosos, os invejosos e os infelizes, que nunca olham a vida de modo colorido e que não realizam os seus sonhos, que se retirem. #ficaadica

Creio que devo me preparar para deletar diversas pessoas inconvenientes. Pois, sem dúvida alguma, é o que farei. Deletar.

- CAPÍTULO 4 -
ONDE ESTÃO AS OUTRAS DENISES?

Às vezes não basta ser mulher. Tem que ser ninja.

15 de fevereiro de 2015

Pensei em criar um blog, uma página no Facebook ou este livro. Em blogs eu mesma mal entro, a não ser para procurar algo muito específico. E também não tenho tempo. Um blog, para ser legal, tem que ter movimento. Tem que ter diálogo com o público. Não tenho tempo. Não dá. Já tenho minhas colunas que ocupam certo tempo que eu nem tenho. Não dá.

Página do Facebook, que as pessoas podem curtir, talvez fosse o ideal. Mas não agora. Eu mesma estou com muita dificuldade para encontrar páginas, sites, blogs de mulheres na mesma situação que a minha. Creio com isso que eu seria uma das pioneiras no Brasil. Compreendo que envolve exposição. Acontece que eu não vivo dentro de uma redoma de vidro. Então até seria um modo de me livrar de pessoas inconvenientes no meio da rua. Quando eu for questionada por admiradores orgulhosos e pessoas que precisam de inspiração também, posso responder algo do tipo: "Curta a minha página e veja toda a história. Lá você terá detalhes". O duro é ter que lidar com a covardia humana. Na internet, muitas pessoas são extremamente inconvenientes, invasivas e agressivas ao expressar o que pensam. Não sei se dá para excluir alguém de uma página no Facebook. Vou perguntar para quem tem. Não quero passar por esse tipo de estresse. Tem muita gente ignorante, invejosa e, sobretudo, infeliz pelo mundo afora. Mas quero fazer algo pelas mulheres que se identificam com essa situação que eu vivo. Acredito que a minha coragem e o sucesso obtido com a realização do processo podem incentivar muitas mulheres a se tornarem mães mesmo sem um companheiro bacana ao seu lado. Assim como eu.

Quanto ao livro, creio que o nascimento do meu bebê merece participação até mesmo como um resultado bem-sucedido de todo o investimento feito: não apenas o dinheiro envolvido para fazer a FIV (fertilização in vitro), nem também a questão sobre estar solteira, mas sim sobre a coragem de uma mulher em dizer: "Filho meu, eu quero ter você. E ponto final".

Jogar tudo isso agora na internet, jamais. Seria polemizar muito e obter grande quantidade de estresse no meio do processo. Talvez no momento em que eu quiser anunciar a gestação, aí sim poderei anunciar a página criada no Facebook. Com a velocidade da divulgação, acredito piamente que alcançarei rapidamente as mulheres que almejo alcançar. E que elas sejam felizes assim como eu sou. Completamente realizada. Agora, sim, realizei o que faltava em minha vida. O resto, se vier, é lucro.

Já me sinto meio grávida. Engraçado. Na verdade, isso é lindo. Quero tanto que já sinto que consegui.

26 de março de 2015

Com tudo isso indo a mil por hora, nada mais normal do que tentar trocar experiências com outras mulheres na

Denise Dias ♡

mesma situação. Mulheres casadas que fizeram FIV devido a um problema delas ou do marido estão aí aos montes. Mas mulheres solteiras como eu, heterossexuais e chegando aos 40 anos... meu Deus! Tentei de tudo no Brasil: blogs, sites, páginas e grupos no Facebook. Gente, foi praticamente tentar fazer contato com outro planeta.

Entrei em um grupo fechado de FIV e vasculhei toneladas de comentários e posts. E nada... Então fui levada a pensar: "Ok, ok, terei que me expor nesse grupo para ver se as minhas chances de contatar alguma mulher na mesma situação que a minha aumentam". Então postei:

"Boa noite a todas. Sou nova no grupo e procuro conhecer mulheres na mesma situação que a minha (mas não encontrei nenhuma até agora – nem em blogs, sites, nada!): mulheres que podem gerar e partiram para uma produção independente (deixando claro: mulheres que querem tanto ser mães, mas por falta de um companheiro foram atrás dessa realização, que é a maternidade). Caso haja alguém aqui, pode mandar mensagem in box, se preferir. Obrigada".

E fiquei à espera. De repente alguém comentou: "Eu!".

Imediatamente trocamos mensagens e o dia seguinte foi uma comunicação infinita. Com isso eu seria adicionada a um grupo de mulheres como nós. Algumas homossexuais também fazem parte do grupo.

O que começou com uma dupla virou um quarteto no dia seguinte, pois criei o grupo "Mães" (solt-hetero-Prod.Ind), ou seja, um grupo apenas para mulheres solteiras e heterossexuais em busca da maternidade. Se tudo que cai na minha mão vira no mínimo um texto reflexivo, imagine só o que pensei com tudo isso.

É óbvio que vou criar alguma página informativa que encoraje as mulheres que desejam imensamente ser mães, mas não o são devido à falta de um parceiro adequado. Parceiro adequado: ser humano do sexo masculino com caráter considerado decente, padrão de comportamento

♡ Produção independente

que valorize a companheira, capacidade de ser provedor (juntamente com a sua companheira), inteligência e vivência cultural suficientes para que não tenha complexo de inferioridade, portador de imperfeições consideradas normais, disponível (de verdade) a ter um relacionamento sério, com comprometimento, desejo de construção familiar, além de quesitos básicos, como respeito, honestidade e capacidade de assumir os próprios erros e dificuldades. Você lê e ri, não é? Mas, se reler esse trecho, verá que é muito triste perceber que o que é descrito aqui como sendo um "parceiro adequado" está muito em falta no "mercado". Não há necessidade de prolongarmos o óbvio. Pulemos essa parte.

Voltando ao ponto, já que gosto de escrever e estou acostumada com isso, sei muito bem colocar limites em quem é invasivo, desaforado e hostil, provavelmente eu deva mesmo criar tal espaço na internet.

Minha família, meus amigos, o pessoal da minha clínica, todos saberão. E não há motivo para não saberem. Aliás, estou me achando muito corajosa, isso, sim. Então, já que quero o baby e a história é como é, não tenho escapatória. Vou fazer dessa minha coragem um exemplo para muitas mulheres que estão sentindo o tempo passar e gostariam muito de ser mães.

Aliás, tendo uma página focada nisso, cada vez que alguém me perguntar qualquer coisa referente ao assunto e eu não estiver com paciência para responder pela 457.982.345.213[a] vez, eu posso educadamente dizer: "Vá à minha página do Facebook e veja tudo. Agora eu preciso trocar uma fralda".

Existem curiosos de plantão. Agressivos e covardes aos montes na internet. Hipócritas e medíocres, então, nem se fala! Mas o que mais existe, mesmo, sabe o que é? Gente invejosa e infeliz.

Assim como essa parte da minha vida vai inspirar muitas mulheres, e espero que muitos homens também, a refletir sobre o que estão fazendo na sociedade, sei que também vou causar algo que odeio: inveja. Sim, não apenas pela coragem de fazer uma FIV sozinha ou pela divulgação disso, mas por decidir viver a maternidade sem um companheiro. E muitas mulheres abrem mão da maternidade apenas para estar ao lado de um homem. Só que o tempo passa. E aí vem a amargura e o arrependimento de não ter tido um filho. Principalmente quando tal relacionamento não existe mais.

Todas as mulheres e homens têm o direito de desejar ter filhos. E de desejar não tê-los também. Todo casal tem direito a querer ou a não querer filhos. E ponto. Estou falando aqui sobre as pessoas que querem ter filhos. Neste exato trecho estou enfatizando a seguinte situação: mulheres que querem ter filhos e homens que já têm filhos de um relacionamento anterior e não querem mais ter filhos. Muitas dessas mulheres continuam com esses homens. Muitas delas fingem não querer ter filhos, muitas se iludem grosseiramente achando que vão convencer seus parceiros a mudar de ideia, e muitas ficam com o parceiro com medo de ficar sozinhas. Acontece que quando uma mulher (ou um homem) tem o desejo de ter filhos e fica com alguém que não quer tê-los, não tem jeito: é fracasso no relacionamento, mais cedo ou mais tarde.

Alguns dias antes de lançar meu segundo livro, um grande amigo me disse: "Não esqueça o banho de sal grosso!". Acho que agora, literalmente fazendo um filho, eu posso perguntar para o meu médico se quando juntar um dos meus óvulos com um espermatozoide doado dá pra temperar com sal grosso... Afinal, embora a minha história sirva de inspiração para muitas mulheres, também servirá de lamentação para outras.

Mulheres que passaram suas vidas sem serem mães, não por opção. Mas por abrir mão de tal desejo porque o parceiro não queria ter filhos. Ou porque estão com um parceiro que já teve filhos em outro relacionamento e não quer ter mais. E daí dane-se a mulher atual. Ou seja, de parceiro mesmo o cara não tem nada. Por um lado, ninguém é obrigado a querer mais filhos se já teve os seus. Aliás, ninguém é obrigado a querer ter filhos. Admiro muito os casais que estão juntos e podem ter filhos, mas optam por não tê-los apenas porque não querem e estão bem assim. Como eu já disse, a sociedade se intromete muito, me dá até alergia. Bem, mas o ponto que quero abordar aqui é que felicidade causa admiração, mas também causa inveja. Inclusive vale dizer que é aí que nasce o perigo: admiração demais gera atos de loucura. A linha que separa a admiração da inveja é tênue. Tem muita gente infeliz pelo mundo afora presa em um relacionamento infeliz. Com outro alguém e consigo mesma. A pior prisão é a da pessoa consigo mesma. Ela se coloca em uma situação na vida e depois não sabe, não quer ou não tem coragem para pular fora. Eu, por exemplo, nunca caí nessa. Sempre fui muito amor-próprio. Sempre fui muito a meu favor. Sem egoísmo algum, sem entrar em avalanches de furacões eternos. E sem hipocrisia. Tanto que estou realizando o meu desejo maior: ser mãe e imensamente feliz.

Me nego a viver em um mundo ordinário como uma mulher ordinária. A estabelecer relações ordinárias. Necessito do êxtase. Não me adaptarei ao mundo. Me adapto a mim mesma.
Anaïs Nin

28 de março de 2015

Já até imagino a cara do meu novo perfil no Facebook.
Tenho algumas opções para o nome:

- **Denise Dias Produção Independente**
- **Ser mãe – Produção Independente**
- **Denise Mãe Produção Independente**

O termo "produção independente" precisa estar atrelado ao nome, pois foi a primeira busca que passou pela minha cabeça. E não encontrei nada. Quero facilitar a busca de outras mulheres na mesma situação que a minha.

Denise Dias ♡

A foto de perfil: eu e o barrigão de lado, ou de frente mesmo, com o olhar forte que possuo.

A foto de capa: uma das fotos maravilhosas que, tenho certeza, meu amigo e fotógrafo profissional vai tirar. Aliás, ele está doido para fazer o meu ensaio fotográfico. Eu também. Naquele bazar que mencionei, organizado outro dia, deixei de colocar alguns acessórios justamente por pensar nessas fotos...

Bem, voltando ao novo perfil do Facebook, eu já começaria com um post explicativo que de tempos em tempos eu pudesse comentar, assim o post voltaria a ficar em evidência. Seria mais ou menos assim:

Denise Mãe Produção Independente
Regras deste perfil de Facebook:

1. O objetivo deste perfil é informar e encorajar as mulheres que desejam ser mães, mas ainda não o são por estarem à espera de um companheiro adequado.
2. Na medida do possível darei dicas práticas que fazem toda a diferença quando se é mãe solteira.
3. Sim, estou levantando a bandeira a favor da maternidade, independentemente da situação pessoal de cada mulher.
4. Antes de julgar, condenar e inventar, olhe para o seu umbigo e reflita.
5. Somente serão aceitos perfis com fotos de verdade.
6. Aqui não é espaço para discussão sobre a vida pessoal de ninguém.
7. Tolerância zero para qualquer comentário ou postagem machista, feminista ou que denigra a imagem dos homens ou das mulheres. Bloqueio imediato.
8. Tolerância zero para qualquer manifestação preconceituosa em qualquer vertente. Bloqueio imediato.
9. Este perfil abordará exclusivamente situações relacionadas ao tema em questão. Respeite e não misture os meus perfis. Aqui eu sou mãe. Independente. E só. Cada assunto no seu devido perfil.

10. Saiba que há crianças felizes e infelizes vindas dos mais diversos núcleos familiares.
11. Se você está aqui é porque tem uma mente livre de preconceitos. Agregue valores.
12. Agregue dicas também para facilitar o dia a dia de quem é mãe solteira e precisa se virar nos 30.
13. Se eu não te conheço, identifique-se in box. Afinal, a minha maternidade está aqui escancarada para auxiliar e encorajar outras mulheres que, mesmo solteiras, também desejam ser mães.
14. Como era de se esperar, hipocrisia não combina com este perfil. Se você veio de coração aberto para enriquecer e ser enriquecido, seja muito bem-vindo ao meu Denise Mãe Produção Independente.

Tenho certeza de que serei uma ativista pela causa.

Se você está com um companheiro bacana e por algum motivo não consegue engravidar, cuidado com a insistência, com o desgaste da relação. Se for o caso, adote. Filho adotivo também é filho. É maternidade também.

Esse negócio de maternidade deve ser mesmo algo de amor infinito, pois nem tenho o meu embrião formado e já amo meu filho de modo imensurável!

Parece que agora entendo por que sou tão forte. Tão transparente. Tão dona de uma palavra realista, estruturada em valores familiares decentes e cada vez mais próximos da extinção. Agora entendo por que a vida me fez tão forte. Se forte assim não fosse, não estaria agora aqui levantando essa bandeira em prol da maternidade até de forma independente.

7 de abril de 2015

Tive uma luz maior. Penso que o nome do perfil que vou criar no Facebook será: Maternidade Produção Independente.

Acho importante que as mulheres que queiram entrar

em contato comigo saibam o meu nome. Como não tenho por que me esconder, de repente abro o perfil com uma foto me identificando. Mas, com certeza, todas as regras escritas anteriormente serão aplicadas.

Se vou tornar pública a minha trajetória? Sim, é inevitável. Este livro é o primeiro passo para isso.

Já que a falação existe, assim como a curiosidade e a admiração, então vou tirar proveito disso e que todos saibam a história diretamente da fonte: de mim. E que a minha história sirva de inspiração e encorajamento a muitas outras mulheres.

9 de abril de 2015

Acabei de ser adicionada a um grupo de mulheres que fazem ou fizeram tratamento na mesma clínica que eu. E daí a frase inicial foi: "Oi, Denise, seja bem-vinda! Quantos anos você tem e qual é o seu problema?". E a resposta, muito espontânea, foi: "Oi pra todas, tenho 35 anos e o meu problema, bem... o meu problema é homem". Imediatamente veio a reação: "O meu problema é homem. Adorei!". Eu, honestamente, achei hilário. Engraçado mesmo.

Fiquei feliz, ainda mais por estar em um grupo em que há mulheres que têm algum problema fisiológico que as impede de engravidar. Ou que estão casadas com um homem que tem algum problema semelhante. Achei ótimo elas rirem do meu problema... Pois é, e eu aqui reclamando da vida.

É como tenho dito aos amigos: quanto mais os dias passam, mais eu tenho a certeza do que quero e da minha decisão. Bom demais. Não vejo a hora!

11 de abril de 2015

Resolvi começar a me expor aos poucos, até mesmo para sentir a reação das pessoas. Eu não preciso da aprovação de

♡ Produção independente

ninguém, mas sejamos honestos: ser aprovado pela maioria das pessoas é algo que nos conforta e nos dá segurança. Então decidi começar pelo Instagram, que é uma rede social mais reservada. Pensei: está aí a solução para a divulgação. As pessoas hoje querem informações na base de um clique apenas. Então já sei: o Instagram será meu porta-voz sobre a minha maternidade independente. E no meu perfil do Facebook, que já existe, eu crio um álbum lincado ao Instagram e fica tudo resolvido.

Aos poucos fui postando fotos de livros relacionados à gestação, da minha barriga estufada propositadamente como se eu já estivesse grávida, de alimentos saudáveis, de uma taça de vinho "enquanto posso" – como eu bem disse, afinal, serei radical com isso: sei que será pelo menos um ano e pouco sem álcool.

Semana passada, em consulta com o meu nutricionista, eu disse a ele que costumo tomar uma bela taça de vinho tinto quase todos os dias. Ele disse que pela saúde não tem problema, mas que na gravidez... Eu o interrompi e disse: "Fique tranquilo, sou radical quanto a isso. Álcool zero". Perguntei quanto tempo o álcool demora para sair de fato do organismo, pois meu paidrastinho já havia me dito que demorava de dois a três dias para o nosso corpo expelir o álcool bebido. Meu nutricionista disse: "Quando você souber a data da fertilização, pode parar com o álcool uma semana antes". E eu disse: "Sim, senhor".

Uma vez, em um encontro sobre infância e problemas de aprendizagem, eu lembro muito bem que me chamaram atenção as palavras de uma neurologista: "Não se sabe ao certo quanto álcool ingerido por uma gestante faz mal ao bebê. Uma taça, um porre... não se sabe ao certo o mínimo. Ou seja, grávida não pode beber nada e ponto final". Amém. Será feito! Se tem alguém que quer muito que tudo corra bem com o meu bebê, esse alguém sou eu.

Agora eu estou numa onda de mergulhar em mil informações sobre decoração de apartamento, de quarto de bebê, de alimentação saudável, e, para minha surpresa, meu nutricionista disse que grávida não deve ingerir nenhum tipo de adoçante. Disse que qualquer tipo de açúcar é melhor do que qualquer tipo de adoçante. Olhe só! E eu já pensando em trocar o açúcar refinado pelo adoçante. Recebi um "não" bem forte. Ok, ok, sou obediente! Mas que eu já estou substituindo o refinado pelo cristal e pelo orgânico, isso já estou.

Eu também não sabia que a maior garantia de leite no peito é beber muita água. Mais uma vez meu nutricionista me alertou: "Beber um litro e meio de água por dia não vai garantir os dois litros e pouco de leite. Saiba que precisará beber uns três litros de água por dia". Ok, ok! Ai dele se eu não jorrar leite no meu filhote!

Já entendi também que não posso ficar sem comer no café da manhã; é um mau hábito que tenho, pois não tenho fome às 7 horas da manhã. Meio copo de leite semidesnatado com uma colher rasa de chocolate em pó já me satisfaz.

Esse meu nutricionista é um herói. Há dois anos ele conseguiu inserir na minha vida o leite semidesnatado em vez do integral. Mas, por favor, não exija que eu beba aquele leite cor de água suja, que é o desnatado. Meu nutricionista também conseguiu que eu largasse o arroz branco e comesse o integral.

Agora preciso mudar muito mais. Ok, já disse. Não precisa me olhar feio. Já estou providenciando.

De uns dois meses para cá muita gente tem dito que estou mais magra. Na balança, diminuí apenas um quilo. Mas também percebo que perdi medidas. Pretendo emagrecer mais um pouco, afinal, logo irei ganhar peso. E faço questão de ser uma grávida saudável. Não uma louca neurótica que não manda os nutrientes devidos ao bebê e que também não abusa de vez em quando (ora, tenho que aproveitar tudo que a gestação vai me proporcionar!), mas também não serei de jeito nenhum uma grávida desleixada. Nunquinha da silva! Tenho certeza absoluta disso. Com 1,73 metro de altura e 64 quilos, meu nutricionista disse que posso chegar até os 70 ou 72 quilos que ainda estarei dentro do IMC considerado ideal. Imagine, com esse peso, só grávida mesmo! Abaixo dos 62 quilos, ficarei com cara de doente. Ou seja, exatamente agora, no meu pré pré-natal,

♡ Produção independente

estou extremamente orgulhosa da minha condição. Como diz minha mãe, humildade nunca foi o meu forte. Ai, ai... Olho a minha cozinha e penso: "Finalmente vou usar tudo que tenho! Cada potinho, cada vasilhinha.. tudo, tudinho!". Sei muito bem que vou comprar trequinho de fazer ovo frito pra filho em forma de coração, treco pra fazer panqueca, *cupcake* etc. Vai ser uma parafernália na minha cozinha! Serão gastos diferentes. Nova fase da minha vida.

Aliás, outro dia eu abri o meu guarda-roupa e pensei: "Mesmo com todas as doações que já fiz e se eu resolver doar o que ainda há para ser doado (aquele papo de 'um dia eu uso', mas nunca uso), eu não preciso de roupa alguma". Vejamos:

– roupa para trabalhar: tenho aos montes (calças, blusas e vestidos)

– roupa para academia: idem

– roupa para ficar em casa: tudo ok

– pijamas: tenho para uns dez anos

– roupa para sair: tenho o suficiente também

– alguns vestidos para casamento e situações semelhantes: tudo certo

– bijuterias: não faltam

– tênis: há anos não compro nenhum, pois tenho seis pares

– sapatilhas para trabalhar: 28. É, acho que vão durar um bom tempo. Rsrs

– sapatilhas para passear: 14. Idem

– sandálias baixas e altas: tudo certo

– bolsas: tenho diversas, grandes e pequenas

Check list do guarda-roupa mais do que feito.

Ou seja, não vou comprar roupa por um bom tempo. Nadica de nada. Quero ver se consigo ficar um ano sem comprar objetos dessa lista. Já se passaram dois meses. Faltam dez! Exceção apenas para roupas de gestante, pelo conforto e necessidade, claro, e para alguns mimos fofos também. Afinal, é lógico que uma gestação tão planejada merece muitíssimo ser vestida com certa graça.

- CAPÍTULO 5 -
A ORGANIZAÇÃO

Nada é tão nosso quanto os nossos sonhos.
Nietzsche

Maio de 2015

Uma querida amiga da faculdade, também brasiliense, me disse uma das coisas mais importantes tanto para o pré-natal do meu bebê quanto para depois que o bebê nascer. Ou seja, algo que se tornou um marco fundamental para todo o sempre: "Cuidado com o excesso de gastos. A gente se empolga mesmo, ainda mais sendo o primeiro filho, ainda mais no seu caso: um ato de coragem, de determinação, de um desejo lindo de ser mãe. Mas pense com calma: há mulheres que gastam R$ 5 mil, R$ 10 mil no quarto do bebê, sendo que ele mesmo não precisa de nada. Gastam horrores para elas mesmas. Para mostrar vitrine aos outros. O bebê precisa da mãe bem. É disso que ele precisa. Da mãe bem, para que ela possa ser uma boa mãe para ele. Estando bem, cuidará melhor do bebê".

Achei lindíssimo isso e estou honrando tais palavras.

Sinto que já estou muito mais tranquila. Sempre fui muito elétrica, penso rápido, não tenho paciência com gente muito

♡ Produção independente

lenta, principalmente quando demora para entender o óbvio. Não nasci para desenhar (é muito diferente trabalhar com pessoas com deficiência; é uma outra história). A lerdeza da falta de semancol... não dou conta.

Percebo que atravesso a rua com mais calma, almoço com mais tempo. Mastigo melhor. Estaciono com mais cautela (sou mestre em ralar as rodas do carro).

Sempre fui muito ligada, muito veloz, muito ativa.

Acredito que essa característica será uma vantagem muito grande na produção independente. Acredito que lidarei numa boa com a criança grudada em mim quando tiver que pendurar roupa no varal e colocar outra leva dentro da máquina.

Consigo enxergar perfeitamente a cena: eu tomando um banho relaxante e o bebê na cadeirinha de balanço vibratória na porta do banheiro, de frente para mim. Ou a criança no chão da cozinha e eu renovando o estoque de sopas e papinhas congeladas. Já me divirto só de imaginar a cena. Acho linda cada cena que imagino.

Com certeza usarei a cama compartilhada; afinal, não terei ninguém para levantar de madrugada, sabe-se lá quantas vezes, para pegar o bebê e trazê-lo para mamar no peito. Então é óbvio que o bebê ali comigo, bem ao meu lado, facilitará toda a logística da coisa. Além do mais, se eu acordar insegura sobre o estado do bebê, bastará abrir os olhos e verificar. O bercinho acoplado à minha cama, um travesseiro antirrefluxo ou antissufocamento com certeza me deixarão mais segura, imaginando menos tragédias, e assim poderei adormecer novamente mais rápido. Posso imaginar o terror que deve ser para uma mãe e para um pai perder o seu bebê por síndrome da morte súbita. Deus me livre! Deve ser um sentimento de impotência eterno.

Berço com protetores com mil detalhes de miçangas, móbiles com pecinhas pequenas e botões... Como terapeuta infantil, sempre alertei as mães na clínica e sempre temi por esses excessos. Agora, então, já era. Há uns dois ou três anos saiu uma reportagem sobre um bebê de uns cinco meses de idade que morreu porque engoliu um desses enfeitinhos de tiara de cabelo. Deus me livre!

Provavelmente eu deva confeccionar o móbile do bercinho, igual a um que vi na série *Sex and the City* (eu gosto e tenho todos os DVDs, o livro com fotos dos bastidores também; não, não acho o seriado ridículo, aliás, acho bem condizente com a realidade da mulher solteira): o bebê olha para cima e vê fotos das pessoas queridas. No caso, aqui, eu colocaria fotos minhas, da minha mãe, do meu paidrasto e de meus avós, se bem que eu acho lindo quando há no quarto do bebê várias fotos nas paredes. É mais provável que eu faça isso e arrume um móbile de tecido, bem seguro, que, caso caia, não terá pecinhas minúsculas que o bebê possa engolir.

Tenho pavor dessas chupetas cravejadas de pérolas. São lindas, também acho. E extremamente perigosas. Deus me livre! Se eu tiver uma menina, ela não usará esse tipo de chupeta. Aliás, penso em nem comprar chupeta. Prejudica a dentição e muitas vezes faz com que a criança não consiga mais pegar o seio da mãe, afinal, são bicos diferentes. E tem mais: depois viram aquelas crianças chatas, birrentas, que querem a "pepeta" e ficam com esse treco fedorento por vários anos. Ridículo!

E pra quê? O bebê não vai nascer pensando: "Alguém, por favor, taca uma chupeta na minha boca pra eu parar de chorar!". Então, se preciso for, corro até a farmácia ou ligo desesperadamente para algum amigo correr e comprar. Sim, eu sei, veremos na prática.

Desde quando enfiei essa ideia na cabeça (vou ser mãe e ponto final, e é mais ou menos pra já), estou me informando bastante sobre a reeducação que posso e devo ter antes mesmo de engravidar. Quer coisa melhor, mais responsável e planejada do que isso?

Tenho pesquisado, perguntado, lido, conversado com várias amigas, pessoas diversas sobre o que eu devo fazer antes mesmo de engravidar. Até de grupos do Facebook eu também já faço parte. Aliás, como já disse, até criei um grupo! Cabe dizer uma coisa aqui: há que se ter muito bom senso com esses grupos de internet, pois, ao mesmo tempo que informam e nos alertam para

♡ Produção independente

vários detalhes importantes, também rola muita bobeira. Sempre questiono o meu médico sobre o que ouço falar e confio na minha intuição, sabedoria e experiência como terapeuta infantil. É óbvio que ser mãe é diferente de ser terapeuta infantil. Inquestionável. Mas não há como negar que tenho uma grande vantagem. Hoje comprei alguns *bodies* básicos. Mesmo sem saber o sexo. Mesmo sem saber quando a transferência será realizada. Mas eu não iria perder a oportunidade de ir a um *outlet* de roupas de bebês aqui em Ribeirão Preto, e, já que essa história está caminhando com determinação e seriedade, nada mais sensato do que buscar informações adequadas. Então comprei também cinco livros sobre gestação e cuidados com o bebê.

Já estou até usando óleo de amêndoas no corpo. Não sei se vai amenizar as futuras e prováveis estrias, mas pelo menos minha pele já está mais macia. E eu estou gostando. Como a pele estica na gestação, com mais elasticidade pode haver menos consequências desse estica-estica todo, então faz sentido eu já estar usando óleo de amêndoas. Parece que o de semente de uva também é muito bom. Vou comprar.

Uma amiga querida, que tem um nenê de um ano e meio e está grávida do segundo, indicou alguns produtos para as famosas estrias.

Comecei a fazer acupuntura. Engraçado, há meses eu tento um horário com essa médica e nunca as nossas agendas deram certo, afinal, também trabalho com hora marcada. Coincidência ou não, bem no início do meu pré pré-natal conseguimos casar nossas agendas.

A acupuntura está me deixando mais calma, estou me sentindo menos elétrica. Fico mais relaxada quando sou agulhada, como diz a minha médica. Fiquei muito feliz quando o médico da fertilização me disse que eu não vou precisar parar com nada após a FIV. No mundo de hoje, com a velocidade das informações, é impressionante (e desgostoso) como ainda há pessoas ignorantes.

Nós, ocidentais, somos muito ignorantes sobre a medicina chinesa. Os chineses têm uma saúde admirável; eles trabalham

71

com a prevenção, diferentemente de nós, que trabalhamos com a cura da doença já instalada. É tão mais fácil, tão menos doloroso trabalhar com a prevenção, não é mesmo?

Parabenizo os pais de crianças de um ano e meio, dois anos de idade que já me procuram na clínica para uma avaliação. Independentemente dos motivos dos pais e do resultado da avaliação, são pais abertos à mentalidade do "vamos trabalhar agora o que deve ser trabalhado".

Algo é fato na acupuntura: se o profissional em questão não for adequado, pode causar sérios danos ao paciente. Com o terapeuta não é diferente. Há terapeutas que colocam minhocas na cabeça de seus pacientes, causando sofrimentos que não existiam. Gente incompetente e irresponsável existe em todas as profissões. Por isso, devemos nos informar sobre o profissional que escolhemos para cuidar de nós e da nossa família: médicos, terapeutas, professores...

Escrever também tem me ajudado muito. Além de ser uma válvula de escape, tornou-se um espelho para mim. Não posso escapar de mim. Não posso escapar das minhas dores, das minhas frustrações, dos meus medos, sonhos e desejos intensos. E quanto mais eu escrevo, mais eu quero esse bebê.

Li em algum livro que o bebê, depois que nasce, se acalma quando escuta a voz da mãe. Sendo assim, não sei como foi, mas eu elegi a música "Bem que se quis", da bela Marisa Monte, como sendo a música da gestação que ainda está por vir. Inúmeros foram os momentos em que parei de escrever este livro para me olhar no espelho e cantar "Bem que se quis" com todo o meu ser. Ora eu imaginava um bebê dentro de mim se acalmando, ora eu imaginava dois.

Hoje eu vi no site da Amazon um trocador que é uma bolsinha; quando você abre e coloca o nenê deitado, ele não tem contato com nada fora daquele trocador, pois há as abas com bolsos para guardar roupas limpas. Deus me livre trocar meu filho sabe-se lá onde e ele encostar na sujeira toda ao seu redor! Imagine a cena: eu dentro de um banheiro de avião, de clube, de rodoviária, no gramado do parque, no meio da pracinha,

♡ Produção independente

onde quer que seja, tentando segurar os braços e pernas do famoso baby e ao mesmo tempo preocupada se ele vai tocar as "nhacas" ao seu redor. Credo! Enfim, prometo colocar foto depois. Achei show de bola!

Outra coisa que adorei, parece banal, mas eu amei e vou trazer, é um assento que pode ser colocado no carrinho de supermercado. O bebê fica ali encaixado e não se encosta em nenhuma parte daqueles carrinhos nojentos e ensebados dos mercados. Eca! Um modelo tem até um compartimento para colocar o celular, e a criança assiste filminho enquanto você faz as compras. É isso mesmo que você leu! Eu vou fazer isso, ora essa! Eu duvido que, na hora em que o meu filho estiver se esgoelando e eu prestes a ter uma crise existencial, eu não vou lembrar que tenho um celular muito interessante na bolsa. Mas é claro que eu vou! Este livro eu escrevo como mulher, sobretudo como mãe, e você pode consultar os dois primeiros livros que eu escrevi apenas como terapeuta infantil e checar o que eu falo sobre uso da tecnologia com crianças. Palmas para mim. Por enquanto, coerente!

É óbvio que meu filho vai para o chão. Da minha casa. E da casa da minha mãe e semelhantes. Mas eu não preciso bancar a mãe meganatureba, do tipo "não tenho nojinho de nada", e deixar a criança lamber qualquer bagulho que encontrar pela frente. Eu tenho nojinho, sim, e muito. Blergh!

Durante as compras, é óbvio que vou usar *sling*. Além de o bebê ficar grudado em mim, eu terei dois braços livres para carregar 347 sacolas. E um canguru também. Já está tudo selecionado na minha *check list*.

Denise, garota, se a sua intenção é facilitar a sua vida, manda bala! Compre mesmo.

E tem o tal do quarto montessoriano, em que não há berço e sim um colchãozinho no chão. Pois é. Não há berço e sim um colchãozinho no chão. Isso mesmo. Não há berço, e sim um colchãozi... Oi? Como é que é? Tu tá ficando doida? Cê tá achando que eu tenho um metro de altura? Mas nem se eu virasse um gnomo eu colocaria um colchão no chão do quarto do meu nenê e iria brincar de agachamento 958 vezes por noite pra dar mamá! Era só o que me faltava. Cada ideia! Dispenso idealismo sem praticidade.

Tem também um organizador para tralha no carro. Fica preso na parte de trás do banco do passageiro. Só um treco cheio de bolsos e zíperes para deixar a bagunça menos bagunçada. Uma espécie de *nécessaire* gigante. Amei! Aposto que vou agradecer muito a mim mesma por ter comprado coisas como esse porta-tudo para o carro quando eu for, por exemplo, fazer uma viagem de fim de semana com o baby em um hotel-fazenda ou algo parecido. Ou você está achando que vou criar raízes no meu apartamento e de lá nunca mais sair? Hahaha! Que graça! Não seria eu. É só uma questão de ver a miniatura da Denise criar um pouquinho de resistência e "vambora conhecer o mundo com a mamãe, coisa fofa!".

É muito minha cara cenas do tipo adultos com crianças penduradas no pescoço entrando no Museu do Louvre, em Paris. Ou de boininha, fazendo um piquenique em um dos belos parques da Holanda.

Estou doida para colocar as minhas mãos nessas minhas encomendas! É uma delícia sonhar tanto assim.

É incrível que mesmo com o dólar valendo mais de três vezes o real, muitas mercadorias ainda saem pela metade ou um terço do preço no Brasil. Impressionante. É por isso que brasileiro, quando vai para a terra do Tio Sam, só não compra o oceano porque não cabe na mala.

Sabe o que eu peguei também? Uma banheira inflável em forma de patinho. É muito fofa...

Mas nem só de utilidades vive a minha mente. Não posso ver uma roupa com orelha de ursinho que tenho um ataque histérico de fofura absurda. Amo!

Pois é, há itens que eu estou comprando porque eles se encaixam na categoria "que legal, que prático, minha cara, e se eu não comprar ninguém vai" e há os itens que estou comprando porque se encaixam na categoria "que coisa mais fofa; quero ver meu filho com isso".

♡ Produção independente

Como não achar gostoso ver essas coisas de nenê, cada roupinha mais fofa, cada detalhe que nos encanta, não é mesmo? Pois é. Esse é o mundo que em breve adentrarei.

Olha, se eu curtir o pré-natal com metade do entusiasmo com que estou curtindo o meu pré pré-natal, eu serei a grávida mais iluminada de todos os tempos!

Hoje foi a primeira vez que contei sobre o meu projeto para um pai divorciado que foi sozinho à sessão. Instantaneamente eu ouvi: "Corajosa. Boa sorte. Depois liga pra contar". Junto veio um olhar de força, um sorriso enorme e a torcida pela minha felicidade. Bom demais. É a segurança que preciso sentir de que a compreensão e o acolhimento virão. Aliás, já estão vindo.

Outro dia, uma mãe da clínica, que é médica, me mandou um vídeo em que um recém-nascido fofo e cabeludinho só parava de chorar quando alguém dava o dedo para ele segurar. Ela mandou com a seguinte mensagem: "Denise, veja isso. Pra você babar um pouco".

Quando eu anunciar a gestação para as mães da clínica, para as famílias com as quais já trabalhei, algo me diz que vou receber uma chuva de manifestações de alegria, força, gritos de euforia e mil lágrimas de felicidade. Consigo imaginar a cara de cada uma delas! E isso é bom demais.

Às vezes escuto de alguns pais que é nítido quanto gosto da profissão que escolhi. E gosto mesmo. Choro junto, rio junto, fico p... da vida junto. E assim vai. E é por isso que agora eu vou receber de volta. Estamos falando de carinho. De acolhimento. Algo simples, mas que significa tudo.

Em breve vou para Miami. Com certeza vou trazer os tais cremes para rachaduras de peito. Meu Deus! Fico lendo os mil livros e revistas que comprei e quando leio sobre os bicos rachados, que às vezes podem sangrar, vêm à minha mente aquelas cenas de terremoto que, de repente, quando você menos percebe, pronto, já está tudo rachado. Cruzes! Acho que vou pegar saquinho de mercado e fita crepe para fazer duas estufas de hidratante especial desde agora pra ver se o meu corpo entende

DENISE DIAS ♡

a mensagem: "Peitos, vocês não vão dar trabalho; jamais irão rachar; sangrar, então, nem pensar! Leite empedrado também está fora de cogitação! Aqui apenas peito lindo, colaborador, com fácil formato para a sucção e um exímio fabricante do alimento essencial ao bebê!". Como sou uma pessoa otimista, vou mudar de assunto. Aguardemos o parágrafo sobre esse assunto quando a coisa de fato acontecer. Espero poder escrever: "Sim, amamentar é a coisa mais linda, mais serena e mais perfeita do planeta!".

Mudando de assunto, sobre o quarto não sei. Afinal, por mim eu me mudaria logo para um apartamento maior. Mas não quero me endividar muito. Posso fazer umas mudanças aqui e fica tudo certo. Eu encomendaria uma estante sob medida para todos os meus livros e papeladas mil. Seria uma estante espelhada na sala. Linda! Que, aliás, do jeito que estou imaginando, também servirá para ser o roupeiro e assim poderei guardar lá meus lençóis, toalhas e similares e, com isso, livrar espaço no meu quarto para os sapatos, que ocupam a parede principal do suposto quarto do bebê.

Detesto quarto poluído. Tenho um estilo moderno, adoro coisas retrô, mas, sobretudo, sou *clean*. Eu disse *clean*, e não sem graça. Se tem algo que eu não sou é "sem graça".

Com certeza em Miami vou achar coisinhas para decorar o quarto do baby. Exemplo: vários espelhos adesivos em forma de círculo, coração, nuvem... Adesivos lindos de folhas, árvores etc.

Uma vez fui a Viena com minha mãe e vi, em uma loja de decoração, adesivos para parede em forma de folhas. Comprei e recortei de modo que eu pudesse colocá-los na mala sem amassá-los. Assim que cheguei em casa, colei-os na parede do meu quarto, onde seria a cabeceira da minha cama. Ficou lindo!

É, bebê, já está tudo "pronto". Só falta você.

Duas dicas preciosas que deixo aqui a todas as mulheres que querem ser mães:

- Informem-se, informem-se e informem-se.
- Comprem "tudo" fora do Brasil. Há lojas que entregam aqui. No Instagram podemos encontrar facilmente brasileiras

que moram nos Estados Unidos e fazem esse tipo de serviço. Ou viajem na baixa temporada e tenham certeza: a economia que farão com as compras vai pagar a passagem aérea e render muito mais do que se comprassem tudo no Brasil.

a) Em um dos guias que comprei sobre bebês, havia a indicação da rede de lojas Buy Buy Baby, nos Estados Unidos. Adoro a Target também. Atenção: a Amazon.com é mais em conta em tudo que vi! E havia também a indicação da marca Carters para roupinhas: sim, vale a pena.

b) Vale a pena comparar também com o site Aliexpress.com ou Wish.com. Basta ter um pouco de paciência para esperar a compra chegar em dois ou três meses. Mesmas marcas vendidas nos Estados Unidos, mas, como tudo é *made in China*, claro que paguei muito mais barato. #ficaadica

- CAPÍTULO 6 -
A MINHA ESPIRITUALIDADE

Crie qualquer coisa. Menos barreiras.

Nasci católica, fui evangélica convertida e batizada na adolescência, fiquei um tempo sem professar nenhuma religião e recentemente me vi na umbanda. Sei lá a que serei adepta no futuro. O ponto é que sou e sempre fui aberta à vida espiritual.

Como é de se esperar, há muito preconceito ignorante. Ignorante no sentido do ignorar, do desconhecer. E ignorante no sentido do mau caráter mesmo, do preconceito gratuito, afinal, para uma pessoa como eu, que não tem meias palavras, quem julga algo sem conhecer é ignorante e ponto final. Sou avessa a preconceitos.

Aos muitos que não sabem e olham torto para essa religião, a umbanda nada mais é do que um mix do catolicismo, do espiritismo e do candomblé.

Em minha opinião, a religião certa é aquela que faz bem a você. É bem-vinda desde que não cause mal a ninguém e que contribua para um estado de paz dentro de você.

♡ Produção independente

Eu sempre fui muito tribal, muito da terra, do som, da raiz. Da batida forte, da expressão autêntica. Sempre fui atraída por tudo que é genuinamente forte, ligado à vibração intensa da vida. E foi exatamente isso que eu vi na umbanda. Duas amigas queridas, que frequentam um Centro de vez em quando, me convidaram para conhecê-lo. E um dia eu fui. Mesa branca, claro. Tudo da santa paz cristã. Eu, assim como todos os outros, sentada, quieta, entrando em contato comigo mesma, com as minhas questões, minhas dores, meus anseios, meus desejos, meu tudo.

Aquele som forte dos tambores feitos de pele natural (eu, pelo menos, consigo discernir facilmente um tambor natural de um industrial), o clima da cantoria, a penumbra da sala e o cheiro de algo que se assemelha a incenso e que, em um determinado momento, é passado perto de cada um de nós, como uma espécie de água-benta — aquele clima me conquistou nos primeiros três minutos. Instantaneamente.

Nesse dia eu estava muito sensível, como é de se esperar da maioria das pessoas que busca algo espiritual inédito em sua vida.

No primeiro dia eu ouvi o seguinte direcionado a mim:

"A mãe não gosta de filho acomodado. A mãe gosta de filho que luta. Que arregaça as mangas e vai atrás do que quer. A mamãe fica feliz quando o filho abre as asas e voa. Eu não vou falar pra você o que você tem que fazer ou não. Mas eu crio você para que você saiba com segurança o que você quer fazer. E que você faça. Uma mãe não gosta de um filho sem atitude; uma mãe não gosta de um filho acomodado. Nada deixa uma mãe mais feliz do que saber que os seus filhos sabem o que querem da vida; e que vão atrás de realizar o que vai te deixar feliz".

Tais palavras mexeram muito comigo. É claro que nós sabemos que podemos dar diversas interpretações a qualquer fala. Mas o ponto para mim foi a paz que eu senti e a segurança também pela decisão tomada com muita coragem, desejo e amor.

A minha segunda ida ao centro de umbanda foi assim:

– Como está a vida? – me perguntaram.

– Ah, alguns aspectos estão bons e outros nem tanto.

– Então temos o equilíbrio.

Eu ri e concordei. Após uma fala sobre estar em paz com o que escolhemos, com o que fazemos, me questionaram:

– Você tem alguma pergunta, quer perguntar alguma coisa?

– Ah... não sei se é uma pergunta. Mas eu estou para fazer uma fertilização. Uma produção independente.

– E como você está com isso?

– Tô bem.

– Está em paz, está tranquila?

– Estou.

Com muita calma e em tom muito afetuoso me disseram:

– Você é guerreira. Está em paz e vai tomar uma atitude incomum na sociedade. Você vai ser abençoada. Em alguns momentos você vai ter que ter muita paciência para educar, pois dar educação aos pequetitos requer muita paciência. Mas você será abençoada.

Finalizamos e eu saí de lá com a certeza de que ali era um lugar que eu iria frequentar mais vezes durante o meu pré pré--natal, durante a gestação e até com o meu baby no colo.

No momento em que me sentei de novo no banco, comecei a imaginar a cena: eu grávida, recebendo ali a bênção, a paz e a segurança de que tanto precisava. Imaginei também meu bebê já nascido, no colo, sentindo-se inteiramente bem com o som daqueles batuques, afinal, já estaria acostumado desde a gestação.

Paz. Tranquilidade. Nunca imaginei que um centro de umbanda seria um dia um dos lugares de referência para a busca da minha paz. Aliás, tampouco imaginei anos atrás que um dia eu buscaria doação anônima para gerar o meu filho.

- CAPÍTULO 7 -
LINHA RETA

Muitos daqueles que te chamam de louca
sonham ter a sua coragem.

6 de junho de 2015

Hoje, no carro, indo almoçar com um casal de amigos, fui questionada sobre o que vou fazer se eu conhecer alguém bacana nos próximos meses, com o dia D se aproximando. Demos risada quando falamos sobre a remota possibilidade de conhecer alguém bacana, pois hoje em dia ninguém quer nada com ninguém. Muitos dizem querer, mas poucos querem mesmo.

Muitas pessoas lotam consultórios terapêuticos e criam histórias mirabolantes para os seus terapeutas. Como costumo dizer na clínica, nós, terapeutas, não temos como adivinhar a verdadeira versão do que nos é contado, mas nosso olfato funciona muito bem quando há fumaça de mentira no ar. E muitos pacientes boicotam o próprio processo de felicidade. Muitas pessoas fazem isso. Por isso tudo, eu não me iludo tão facilmente quando conheço alguém que aparentemente está disponível para um relacionamento. Passam alguns dias e você vê que a pessoa até está disponível, desde que você dê a ela a senha do seu celular. Desde que você delete o seu perfil no Facebook. Desde que você não use tal perfume, não use tal roupa, não veja mais os seus amigos, não tenha vida social, não tenha os sonhos que você tem. Então você vê quanto tal pessoa está disponível para um relacionamento. Muito! Com o espelho. E só.

A partir disso, pontuei a eles a paz interna que estou sentindo. Uma tranquilidade sem igual. Uma paz, uma energia boa, uma satisfação que relacionamento nenhum irá tirar de mim. Fico pensando sobre o que será das próximas gerações. Vejo que a moçada de hoje tem menos tabu quanto às experimentações sexuais com ambos os sexos. O que será da humanidade daqui a um século? O que será da nossa sociedade, da estrutura familiar? O modelo de família está mudando há tempos.

Eu mesma sou exemplo disso, pois a família que vou formar é uma família mononuclear – a criança será amada, cuidada e educada por apenas um adulto pivô: eu, a mãe. E não tem essa de "pãe". É mãe e pronto. Mãe em todas as datas. E as escolas terão que se adaptar a muitas datas especiais daqui para a frente. Afinal, está aumentando também cada vez mais a maternidade e a paternidade de casais gays (homossexuais, homoafetivos, chame como quiser). E o que você vai dizer sobre uma criança que está sendo amada, olhada, cuidada, recebendo tudo do bom e do melhor por uma pessoa, não importa se adotiva, biológica, homo ou heterossexual, solteira, juntada ou casada? A família que vou formar é meio novidade hoje no nosso Brasil. Mas, nos Estados Unidos, em alguns lugares, como Nova York, por exemplo, já é assunto batido.

Há os medíocres que dizem que gays ou solteiros que desejam ter filhos estão pensando somente em si mesmos e não na criança. De onde surgiu isso? Por acaso é por isso então que casais hétero têm filhos? Porque pensam somente neles mesmos? Pior é que existem casais que não se suportam e têm filhos para "salvar" o casamento. Hahaha! Só protelam a separação, apenas isso. E o que dizer de mulheres que engravidam propositalmente na ilusão de que vão segurar o homem ao lado delas? Em quem essas mulheres pensaram? Na criança é que não foi. E que respeito essas mulheres têm pelos pais de seus filhos a ponto de enganá-los com um golpe desses? Zero. Depois essas mulheres vão até a minha clínica para cuidar da criança não amada. Pois é. Por que fazem tamanha meleca?

E os casais hétero que vivem um inferno perante os filhos e nunca se separam? Se ofendem, se agridem, dão um péssimo modelo de família aos filhos e não se separam. Usam seus filhos para não se separarem, pois dizem que é por eles que ainda estão juntos. Ora essa... os filhos precisam de amor, paz e tranquilidade. E não de um inferno dentro de casa. Vai me dizer que esses casais estão pensando nos filhos? Não, não estão. Mas são tão covardes que não tomam uma atitude mais ativa em suas vidas: a separação. Pois é. Falei e está dito. É isso mesmo.

Eu posso passar uma gravidez péssima, de repouso, ter problemas financeiros, ter que lidar com alguma deficiência, alguma sequela, posso aliás não conseguir engravidar, posso passar por abortos, posso chorar de dor se o bico do meu peito rachar e sangrar, posso chorar se o leite empedrar, chorar por não conseguir dormir, posso ter que lidar com milhões de problemas a partir da gestação, mas nenhum desses problemas se equipara àqueles que temos em relações infelizes. São dores de cabeça diferentes. São preocupações diferentes. E desse tipo de estresse, que envolve estar com alguém que não está com você de verdade, eu abro mão. Mas da maternidade, não.

Daí hoje no almoço um dos meus amigos disse algo com tanta naturalidade que mexeu muito comigo e eu tenho certeza de que tais palavras vão me acompanhar no mínimo até o parto: "Você está tão tranquila, o seu psicológico já está tão preparado, você está tão de boa, tão bem resolvida... Eu acho que rapidinho você vai engravidar. De primeira. E de um só (e não de gêmeos)".

Na mesma hora dei um sorriso gostoso a ele, acompanhado de um beijinho enviado pelo ar, e concordei.

A dica que dou às mulheres sobre tudo isso é: agarrem-se a amigos de verdade. Não a amigos amargos com a própria vida, infelizes e revoltados com as próprias escolhas, gente azeda. Esses terão inveja da sua coragem, da sua atitude. Agarrem-se a pessoas que pensam pra frente. Que não se cegam perante a realidade. Que querem uma vida feliz, mas sem tirar os pés do chão. Pessoas que enxergam castelinho em castelinho e lobo mau em lobo mau. Tudo que uma mulher precisa nessa situação é de apoio real, de gente desprovida de preconceitos hipócritas, pensamentos medíocres e, óbvio, de muito amor, carinho e brilho no olhar quando vê os seus olhos brilhando.

O último passo antes do Dia D.
10 de junho de 2015

Hoje tomei a última decisão para o dia do *grand finale*.

Já que lidarei com espermatozoides doados e decidi mesmo fazer a avaliação genética, então o que ocorrerá comigo é a famosa TEC (transferência de embriões congelados). Tenho somente mais algumas dúvidas para tirar com o médico, e algo me diz que na minha próxima consulta já irei selecionar os doadores que quero para fecundar os meus óvulos.

Não vou falar nada para ninguém. Vou escolher sossegadinha as características dos possíveis doadores, vou aguardar a vinda deles de São Paulo para Ribeirão Preto e vou aguardar o nascimento dos meus embriões. Em seguida vou enviar uma célula de cada um deles para a avaliação genética em São Paulo e cruzar os dedos à espera do resultado.

A mente humana é realmente fantástica. Sempre fico imaginando quem foi a primeira pessoa que pensou em colocar coisas em cima de um pedaço de pau e com isso criou-se uma jangada, um barco e os navios esplendorosos de cruzeiros! Ou então quem foi a primeira pessoa que teve a brilhante ideia de colocar a carne da caça sobre o fogo e assim obter o grelhado, a cobertura de caramelo e o *marshmallow*, um vidro que colocado na frente dos olhos faz as pessoas enxergarem melhor. Poder planejar nos dias de hoje ter um filho geneticamente compatível com um filho já existente e, após o nascimento do segundo, poder transplantar para o primeiro! Isso é fantástico! A mesma coisa com a FIV, a avaliação genética, tudo muito incrível. Que bom que em um mundo repleto de destruições propositais há muitas pessoas usando a inteligência e o avanço científico a favor do benefício.

4 de setembro de 2015

Daqui a duas semanas eu tenho consulta com o tal médico. Ninguém sabe ainda e vou tentar não contar para ninguém. Mas no dia 18 de setembro eu pretendo escolher o doador e já deixar em andamento a fertilização de dois embriões, que serão encaminhados para avaliação genética. Em aproximadamente dez dias sai o resultado.

Volta a fita:

Eu, oito óvulos. Alguém, os espermatozoides.

Agora é aguardar a chegada do Dia D.
9 de novembro de 2015

Como os nossos pensamentos mudam! Hoje obtive informações que me deixaram totalmente em paz quanto à avaliação genética. Eu disse que faria com certeza, certo? Pois bem, não vou mais fazer a tal avaliação genética.

Hoje eu liguei para o banco de sêmen. Falei com uma das responsáveis, que me atendeu com muita atenção, por sinal. Daí obtive as seguintes informações: o doador tem que ser alguém que realmente queira doar, pois primeiro ele faz o espermograma. Depois de aprovado, realiza uma série de exames. Se aprovado, ele precisa realizar seis doações de sêmen. Ou seja, não é qualquer um que tem tanta disponibilidade para levar isso a sério. Perguntei à atendente: "Então, em muitos casos, o doador é alguém que viu a irmã não poder ter filhos porque o marido tem algum problema ou alguma situação parecida?". É isso mesmo. Na maioria dos casos são pessoas que viveram o drama de alguma forma e decidem colaborar com outros casais ou mulheres que desejam a maternidade.

Cada doador marca suas características físicas no papel, mas o banco checa tudo examinando cada candidato. Quanto aos dados, como profissão, hobby etc., vai da consciência de cada um. Muito interessante. Em vista de todo esse detalhamento de informações sobre o procedimento da coleta, da seleção do sêmen, decidi então que não vou mais fazer a avaliação genética. E seja o que Deus quiser.

Já é meia-noite e meia e eu deveria estar dormindo, mas precisei vir aqui escrever antes que as palavras sumissem da minha mente. Quando saio da clínica, passo um tempinho dirigindo e ouvindo músicas bem animadas, tendo altas cenas em minha mente. Toda vez imagino a mesma coisa: que vou celebrar meus 40 anos em grande estilo junto com os 3 ou 4 anos do meu bebê. Imagino a comemoração em um salão lindo, com direito a convite lindo, DJ, festa a caráter, um bolo lindo e gigante e, para assoprar as velas, eu e meu filhote. Estilo festa de casamento, ou seja, com direito a lista de presentes em lojas específicas. Às vezes até imagino eu e meu filho apresentando uma coreografia, mas para isso ele teria que estar maiorzinho. E, cá entre nós, meus 40 anos serão merecedores de uma grande comemoração. Então, agora vou deixar a ideia da coreografia de lado...

É uma delícia tudo que imagino. Já me sinto grávida.

Hoje ganhei uma vela, para ser acesa na véspera da implantação do embrião. Uma vela abençoada. Para minha proteção, ganhei também três folhas de guiné, que serão colocadas dentro da fronha.

♡ Produção independente

São essas coisas que vão me manter na umbanda. Palavras boas, de paz, sem questionamentos julgadores e desconfiados como os que fazem os humanos comuns. Por isso é muito bom contar com o apoio de bons espíritos. E é desse tipo de energia que eu preciso: tudo que me mantenha na vibração em que já estou. Uma vibração incrível, com pensamento positivo e com a certeza de que ficarei grávida logo na primeira tentativa.

Aliás, amanhã será o dia em que tomarei a injeção Lectrum, para bloquear algo no útero, acho eu. E a partir de amanhã já começo a tomar Primogyna três vezes ao dia, que funciona como um "extra superbonder" para o embrião ficar bem coladinho no útero quando for transferido. É muita informação, muitos detalhes. Estou empolgada.

Também estou empolgadíssima com o meu apartamento novo. Não vejo a hora. Estou fazendo mil pesquisas de mercado para evitar gastar demais, afinal, tenho um financiamento bancário para pagar.

Hoje eu fui a uma loja de tintas e escolhi as cores do apartamento. Depois de pintado, a gente vai dar de cara com um azul forte bem bonito, cheio de espelhinhos coloridos, estilo retrô. A parede da TV será em tom laranja, e pêssego na sala e no escritório. Abrindo a porta do meu quarto, vou dar de cara com uma parede rosada linda, bem feminina e aconchegante.

Assim que a mudança de apartamento ocorrer, o quarto do baby já terá o móvel do trocador, a poltrona com um banco para meus pés, ambos lindos também, e de *patchwork*. Eu, muito orgulhosa de minha proeza, já vou organizar o que tenho dentro do armário do baby. O restante, apenas após a descoberta do sexo.

Tenho certeza de que este ano vai ser um dos mais felizes da minha vida. Apartamento novo, grávida, linda e maravilhosa!

> – *Você toma alguma coisa para ser feliz?*
> – *Sim, atitude.*

17 de novembro de 2015

Outro recado que eu recebi: "Cuidado com a sua ansiedade. Se você fica cheia de ânsias, pode demorar mais para alcançar o que tanto quer. O que é seu, o que o Pai tem pra você, é seu. Ninguém há de tirar. E tudo nesta vida tem o seu tempo certo. Quando você menos espera, acontece. Você, muitas vezes, se sente injustiçada. Você é o tipo de pessoa que não aceita injustiça. Mas olha... nesta vida, neste mundo, antes ser uma vítima do que um algoz. Então, quando você se sentir injustiçada, use isso para se fortalecer e continuar no caminho que você sabe que é o melhor. Você pode ter certeza de que um caminho cheio de bênçãos e alegrias espera por você".

Quanto mais eu vou ao centro de umbanda, mais me identifico. Não vejo hipocrisia. Não vejo ninguém falar mal do outro. Não vejo foco no demônio. Hoje mesmo meu corpo ficou completamente entregue àquela sensação da qual somos tomados após uma mensagem divina e que só nos faz bem.

Hoje foi falado sobre o perdão. O benefício que há quando perdoamos. E que só faz bem a nós mesmos. Perdão e leveza.

Ah, hoje foi o último dia de umbanda de 2015. Agora só em 2016. E justamente hoje "caí" com uma médium que eu nunca havia visto antes. A entidade me recebeu, fez o sinal da cruz na minha testa com água-benta e, com a mesma água, passou a mão em meus braços, folhas também, e foi passando a mão pelo meu tronco. Ao chegar bem na altura do meu ventre, sua mão ali parou por alguns segundos. Então ela me disse:

– Tem alguma coisa aqui dentro...

– Não tem, mas está para ter.

– Por quê? Como assim?

– Porque eu estou para fazer uma fertilização in vitro. Quando eu voltar aqui, já terei feito e, se Deus quiser, se tudo der certo, eu estarei grávida.

♡ Produção independente

– Mas você sabe que já tem um filho aqui, né? Você sabe que já é mãe, né?

– Sei.

– A gente fica muito feliz de ver um alguém que quer tanto ser uma boa mãe como você quer ser. E você vai ser. Não vai ser fácil, mas você terá muitas alegrias com esse filho. E vai conseguir passar para seu filho tudo que você quer passar. Formar uma boa pessoa, dentro dos valores corretos. Tudo no tempo certo. Você terá muitas alegrias.

Recebi uma rosa branca e as palavras de que, quando eu sentisse dificuldade, arrumasse uma rosa branca para mim. E, quando ela secar, que seja jogada em água corrente. Assim será feito.

Não é incrível que uma pessoa, uma médium, uma entidade, que até então nunca tivera contato comigo, tenha dito tais palavras? Como explicar isso? Vai dizer que foi uma fala generalizada e que pode ter várias interpretações? Que serve para qualquer pessoa? Não serve. Aquilo foi para mim. Direto das alturas até o íntimo da minha alma.

Tal acontecimento deixa crédulo qualquer descrente. Uma coisa linda de se viver.

Se eu já acreditava estar no caminho certo, imagine agora! Paz maior dentro de mim não há.

A data do procedimento foi marcada. Sexta-feira passada eu fui ao médico da fertilização e disse a ele: "Vou fazer em janeiro, será com doador anônimo mesmo (e não com algum namorado surtado ou amigo com crise de super-homem) e não vou fazer avaliação genética. Liguei para o banco de sêmen e tive total segurança com o detalhamento das informações sobre a coleta dos doadores".

O médico me disse que, quando eu menstruar em dezembro, que eu ligue para ele e então contaremos 20 dias para a frente. Depois tenho que ir até a clínica tomar uma injeção (também posso levá-la para a viagem de Réveillon caso eu arrume alguma, mas fora do Brasil será arriscado encontrar um profissional que aplique essa injeção. Ok, já entendi: Réveillon neste ano será no Brasil. Bem, digamos que a menstruação de dezembro acompanhe mesmo a de novembro, esta em que estou. Lá pelo dia 11 de dezembro devo menstruar, ligo na clínica, tomo a injeção dia 1º de janeiro (feliz ano-novo! Uhhhuuu!), mais 20 dias de um remédio, mais 5 de sei lá o que e daí sim faço a fertilização, lá pelo dia 25 de janeiro, colado no meu aniversário, 24 de janeiro. Hum, seria um ótimo presente.

Um mês depois é o aniversário da minha mãe e do meu paidrastinho. Já pensou, após os "parabéns pra você" cantados para nós três (em Brasília), eu dizer: "Ah, esqueci um presente. Vou pegar! Xiii, não dá! Está dentro do meu útero!"? Seria uma delícia, não é mesmo? Aguardemos.

A data está praticamente marcada. Quer dizer que tenho dois meses para acabar de ler os sete livros que comprei sobre gestação, parto e cia. Um eu já li. Outro está na metade e três engatinhando. Em dois deles eu nem encostei a mão ainda. Tenho que correr.

4 de fevereiro de 2016

Ao meu lado há uma vela acesa. A vela que seria acesa na véspera da fertilização. Pois bem, cá estou cumprindo a orientação espiritual, buscando bênção divina e paz eterna.

Uma simples vela branca. Daquelas que compramos no mercado e acendemos quando acaba a energia em casa. Já faz mais de uma hora que eu a acendi. E foi no quarto do bebê. Abrindo a mala com tudo que já tenho para ele.

Ah, mudei de apartamento, me esqueci de dizer. Há exatos dez dias. O sentimento de felicidade neste novo apartamento é intenso. Não sei explicar. Não é só pela aquisição de um apartamento maior. Creio que seja por tudo que tal imóvel envolve: é maior porque filho requer mais espaço. Ou então eu teria continuado no outro e aproveitado para viajar pelo mundo como sempre fiz, em vez de direcionar esse dinheiro para um financiamento bancário e todos os gastos que um filho envolve.

Enfim chegou o grande dia. Amanhã será a tal da fertilização. Minha produção independente. Meu senhor doador, fã da Legião Urbana, assim como eu. Meus oito óvulos, virando quatro embriões, sendo um inserido em mim e os outros três mantidos congelados. Que venha meu bebê. Não importa o sexo, saúde é o que mais quero.

O ano de 2016 vai voar para mim. Já está voando. Até eu fazer o primeiro ultrassom, já será o fim de fevereiro.

Na próxima vez que eu pegar este notebook para escrever, já será com a certeza da gestação. Não sei explicar, mas tenho isso dentro de mim. Penso que vou sair grávida da clínica amanhã. Apenas terei que esperar duas semanas para o exame de sangue e mais duas para o primeiro ultrassom, que é o que conclui o diagnóstico de gravidez positiva. Tenho dentro de mim que amanhã sairá uma pessoa deste apartamento e retornarão duas pessoas. Aguardemos.

Eu arrumei o armário do meu bebê e comi castanha-do-pará enquanto a vela está acesa. A sensação de pendurar as roupinhas e coisinhas diversas foi ótima. Eu me flagrei no espelho sorrindo diversas vezes. Tirei algumas fotos do armário e da vela também. Comi três maçãs. Então vim ao computador para a última escrita do meu pré pré-natal.

Não vou esperar a vela terminar. Já passa da meia-noite e eu tenho que deitar e inserir três comprimidos de progesterona em mim. Confio que a vela continuará queimando até chegar ao fim. E aqui me despeço da primeira parte deste livro. Um beijo e até amanhã, quando, provavelmente, já estarei carregando outro alguém dentro de mim.

5 de fevereiro de 2016

São 16h15, faltam 45 minutos para o grande momento, e cá estou escrevendo novamente.

Confesso que senti o coração dando uma acelerada. Gostoso, parece que nem estou acreditando nisso. Então, vambora.

Se eu li os sete livros citados anteriormente? Claro que não. Mas três ou quatro eu li. Com certeza nos próximos dias eu lerei os outros, afinal, ficarei quieta em casa, de molho, neste Carnaval de 2016.

Apartamento novo praticamente todo arrumado, geladeira abastecida para os próximos dias. Só assim para eu sossegar e terminar de assistir *Lie to Me* na Netflix com o meu Google Chrome.

Ok, se continuar assistindo eu vou me atrasar. Então, banho e... fui.

Ainda em 5 de fevereiro de 2016. Fertilizei.

Chegando à clínica, meu médico me informou sobre o meu "extrato bancário", o meu material biológico: eu tinha oito óvulos congelados. Desses, combinamos que ele descongelaria quatro. Eu já havia sido alertada de que talvez nem todos resultassem em embriões, pois o congelar e o descongelar são dois processos diferentes, e por isso é comum que um ou outro óvulo congelado não vá pra frente. Isso é normal. É simples. Sem drama. Pois bem, dito e feito: dos quatro óvulos que foram descongelados, três deram certo para virar embriões com os espermatozoides que eu escolhi, aqueles do Sr. Legião Urbana. Dois embriões formados tinham qualidade excelente e um tinha boa qualidade. Aí o médico congelou um projeto de Denise excelente e um projeto de Denise bom. Obviamente ele pegou o outro projeto de Denise excelente e colocou dentro da Denise.

Sexta, sábado, domingo, segunda, terça, quarta, que é hoje. Está tudo absolutamente normal comigo. Aliás, senti algo no fim de semana do Carnaval que eu nunca sinto: dor de cabeça. De leve, umas três vezes, mas senti. Eu nunca tenho dor de nada. Se é mudança corporal pelo baby, se é do medicamento que estou tomando, sabe-se lá... Observemos os próximos dias.

Só sei que nesses primeiros dias de vida embrionária dentro de mim, meu baby já ganhou um presente. Da tia Aline. Uma

♡ Produção independente

fronha do Pequeno Príncipe. E eu fiquei no apartamento praticamente todo o Carnaval, curtindo a recente mudança de lar doce lar e descansando, dando a mim o direito de ficar quieta um pouco, o direito de desacelerar. E foi ótimo. Dormi até dizer chega. Consegui terminar duas séries da Netflix (*Lie to Me* e *Downton Abbey*) e fiquei no grande dilema: vejo filme na cama ou no sofá? Haha... muito bom.

Em um dos dias de Carnaval, meu amigo Vitor Hugo me disse que uma amiga querida ligou pra ele dizendo que tinha sonhado comigo. Que eu estava linda e com um barrigão lindo. E ela nem sabia detalhes sobre em que pé estava a minha história.

Engraçado foi uma amiga também de Brasília que, assim que eu saí da clínica de fertilização e mandei mensagem para meia dúzia de amigos, a Denise, minha xará, imediatamente respondeu: "Oi, Julia. Eu sou sua tia". Morri de rir. Ela é uma figura!

A minha massagista diz que vai ser menino. Diz que tenho cara de mãe de moleque. A minha amiga de Brasília diz que será menina e ponto final. E que nascerá dia 8 de novembro. Ela disse que nunca errou o sexo nos pressentimentos dela.

Hoje veio à minha mente a seguinte cena: eu com o bebê no colo, todo lindinho, sorridente, na mesa do bolo de 1 ano, na hora do parabéns, ele sorrindo e batendo palminha, todo mundo sorrindo, admirando e feliz por mim, dizendo quanto o bebê é lindo. Todo mundo morrendo de gargalhar do tamanho da fofura e alguns dias depois eu postando uma foto de casaquinho cinza com um chapeuzinho retrô com ele no colo numa espécie de *sling* e boina, em Paris. Essa seria a segunda viagem internacional dele na minha cabeça. Pois a primeira seria algo mais *light* para uma mãe com um nenê de poucos meses: algum resort em Cuba, Cancun ou coisa parecida. Se alguma tia se animar e quiser ir junto, vambora. Mas eu vou. Com bebê no colo. Seja meu boy ou minha girl.

Mas sabe o que eu quero mesmo? Saúde. Só isso. Ainda mais agora nessa falação absurdamente chata de zika vírus. Não vou nem me prolongar. Pronto. Acabou este tópico.

Bem, resolvi contar quantos *bodies* o baby já tem. Larguei o notebook e fui contar. Voltei e, ao sentar, pensei: o baby tem 33 roupinhas, 11 sapatinhos de crochê, 2 mordedores, 1 bichinho mordedor, proteção pra segurar a cabeça no bebê conforto no carro, 2 cobertores (um foi a vovó que deu), potinhos e colherinhas pra papinha, termômetro, 2 babadores, 1 big protetor para carrinho de supermercado, duas caixinhas de música (uma que era da bisa, a minha Stellinha, e a outra que eu comprei nos Estados Unidos), um dragãozinho roxo e outras cositas mais.

Desde quando o embrião foi colocado em mim, passei a olhar mais algo que eu já olhei muito na internet: carrinho de bebê. Aquele de três rodas é lindo, mas é caro pra chuchu. Um pai, no aeroporto de Brasília, me disse que não é nem um pouco prático pra ser dobrado. Fico bem perdida ao ver preços de carrinho, que vão desde R$ 300 até quase R$ 5.000. Não é por nada, não, mas 5 mil reais por um carrinho é muita grana. Não tenho coragem, não. Ou o tal resort no Caribe. É uma questão de prioridade, só isso. Compraria tranquilamente certas coisas usadas se tivesse a certeza de que estariam em ótimo estado e de que compensasse no bolso. Assim, deixo de gastar em algumas coisas e gasto em outras que julgo prioritárias.

16 de fevereiro de 2016

Daqui a três dias vou fazer o tal exame de sangue. Estou supertranquila. Nem passou pela minha cabeça comprar exame de farmácia. Eu, hein, pra quê? Se eu tenho que esperar duas semanas após a transferência de embrião para realizar o exame, por que vou ficar me torturando com exame de farmácia? Nem pensar!

Tenho tido dor de cabeça constantemente. Em alguns dias, várias vezes. São leves, mas são constantes. Não me impedem de nada nem exigem tomar remédio. Se eu nunca fui a rainha da hipocondria, agora, então, nem se fale. Remédio, só em

♡ Produção independente

caso de necessidade real ou com ordens médicas, como os medicamentos que tenho tomado devido ao tratamento da fertilização in vitro. Semana passada eu fiz uma comprinha básica (mesmo!) no site da AliExpress. Também fiz uma comprinha bem basiquinha no Wish.com. Fiz por dois motivos. Um para dizer ao baby: "Gruda no útero, embriãozinho, gruda no útero, gruda!". E o outro para fazer um teste, pois até chegar o dia do exame de sangue, depois o dia do ultrassom, que de fato confirma a gravidez, até passarem os "famosos" três meses de maior risco de perda da gestação, já é para eu ter recebido os itens comprados da China. E caso ocorra tudo bem com essa primeira compra, oba! Já sei várias coisas que vou comprar gastando muito menos do que em qualquer site dos Estados Unidos. Claro, afinal, praticamente tudo no mundo é *made in China*. Hum, isso me faz pensar que devo fuçar no Dr. Google sobre produtos *made in* Taiwan, Vietnã etc. Muita coisa é *made in* naquele lado do mundo. Eu apenas tenho que ter paciência para esperar os produtos chegarem. Mas isso eu tenho.

Nesses dias eu estive sentindo algo: uma imensa vontade de que a minha mãe seja a pessoa a ouvir a notícia em primeira mão. Minha intuição diz que será uma delícia compartilhar esse momento com ela.

Para a minha família eu não esperaria os três meses para dar a notícia, não. Eu falaria no mesmo dia. Primeiro porque eu sou empolgada mesmo. Segundo porque a gestação, no meu caso, é uma grande vitória. Independentemente de como tudo vai acontecer. O simples fato de ter feito a produção independente já é um ato de vitória. Isso eu adoraria já poder falar para a minha família.

Eu já até pensei no que farei no dia do grande positivo: chamarei alguns amigos VIPs para um lanchinho, uma musse de chocolate Suflair e um brinde *light* (leia-se: sem álcool). E hoje, pesquisando roupinhas baratas para nenê, achei na internet um *body*, assim que eu tiver o positivo, vou correndo

95

comprar via notebook. Eu sempre adorei roupas com frases. Desde sempre. O body diz: "Minha mãe não pediu a sua opinião". Hahaha! É muito Denise isso! É bem "se não tem nada positivo para falar, então cale a boquinha, vai". Afinal, eu já sei que vou lidar com muita hipocrisia e inveja, assunto já mencionado aqui. Dispenso repetecos de conteúdo em qualquer livro que já escrevi, muito menos no livro sobre a minha maternidade.

Tenho vários livros que comprei sobre desenvolvimento infantil, sobre gestação, parto, maternidade, e tenho que continuar a leitura deles.

Se der positivo na sexta-feira (daqui a três dias), no sábado participarei de um workshop voltado para o assunto. Busco informações de todos os lados. Além de livros, cursos e workshops, o Facebook e o Instagram possuem diversas páginas interessantíssimas com dicas e informações. Muito legal.

Hoje eu fui ver mais carrinhos de bebê. Quantos modelos, quanta variedade! Mas na loja caiu a ficha sobre algo que acho importante e já elimina vários modelos. Eu faço questão de que o carrinho seja reverso. Ou o guidão ou que eu possa virar o assento, pois vou querer olhar constantemente para o baby. Experimentei fechar os tais carrinhos guarda-chuva e gostei mais dos outros. São mais trambolhos quando fechados, mas muito mais fáceis de serem guardados. Tem os de três rodas, mais chiques, e os de quatro rodas. Tem os que podem ser usados como modelinho moisés, o que, no meu caso, pode ser muito útil para ficar ao lado da minha cama quando o baby nascer (sim, pois eu não quero meu bebê na minha cama junto comigo, não. Morro de medo de sufocar a criança, empurrá-la etc.). Alguns carrinhos têm telinhas de ventilação, outros têm mil porta-trecos. Alguns têm uma capa maior na cobertura da cabeça. Rodas assim, rodas assado. Muito bom colocar a mão na massa. Agora vou comparar os preços da China.

18 de fevereiro de 2016

São 23h28. Daqui a algumas horas farei o exame de sangue para saber se estou grávida ou não. Estou tranquila e acreditando que o exame será mesmo positivo. Alguns amigos estão mais ansiosos do que eu. Como eu não estou (apenas jantei brigadeiro hoje), vou dormir tranquila.

20 de fevereiro de 2016

Ontem foi o dia em que vi o resultado do exame de sangue. E ontem foi o dia em que eu faria um lanchinho com musse de chocolate aqui em casa para os poucos amigos que ficariam sabendo se tivesse dado positivo. Pois é. Se tivesse dado positivo. Não deu. E eu ia escrever ontem mesmo. Mas não escrevi. Deixei pra depois. Por que será?

Eu achava que daria positivo. Claro! Meus óvulos são saudáveis. Os espermatozoides também. Então, por que não deu certo? Pois é. "Porque às vezes o embrião não desenvolve a placenta e daí não gruda no útero." Palavras do médico. O meu resultado deu "menos do que 2,00 mlIU/ml". Isso é baixíssimo. Não há o que discutir. Não estou grávida e ponto final. Agora eu espero o prazo que tenho que esperar e mando bala de novo. Simples assim. Menos no bolso, ainda mais nessa fase de crise financeira do país.

Na hora eu mandei uma mensagem de WhatsApp para os meus amigos e disse que não queria que ninguém me ligasse. Que eu estava muito triste e estava indo para casa. Pelo menos metade dos dez amigos mandou algo como: "Calma... blá-blá-blá". Quase mandei esse "calma" deles para aquele lugar. Me deixa em paz! Me deixa falar a notícia ruim e ponto. Que saco! Mania de querer controlar os sentimentos dos outros! Dei graças a Deus que ninguém da minha família sabia que eu já tinha feito. E que poucos eram os amigos que sabiam mesmo.

É muita falação, muita encheção de saco! Haja paciência! Por mais que eu os adore e eles também me adoram, por mais que eu saiba da intenção positiva deles, qualquer palavra meio torta na hora enche. Um simples "Estou aqui, quer que eu faça alguma coisa?" é melhor do que a porra de um "calma". Aff...

Na próxima tentativa vou cortar metade desses dez. Se é que vou falar para algum deles. Será facinho enganar todos eles. Ninguém entende do assunto mesmo! Eu é que sou doutora no assunto. Então posso falar facilmente que dependo de a menstruação descer (verdade) pra começar de novo a tomar os medicamentos (verdade) e que os medicamentos me deixaram meio bagunçada no ciclo menstrual (mentira) e que então não deu pra tomar os remédios ainda (mentira) e que então não sei quando farei a segunda tentativa (mentira). Nisso o tempo vai passando e eu já terei feito de novo. Quando der tudo certo, eles receberão um WhatsApp dizendo: "Sua amiga está grávida!".

Fiquei me lembrando de várias pessoas que me perguntaram nos últimos quinze dias: "E aí, fez? Quando será? Está esperando o quê?" e eu disse: "Xiii... nem vem. Quando eu estiver de barrigão eu conto", e cortei o assunto. Ufa! Ainda bem.

Então, mulheres, um conselho pra vocês: não contem pra muita gente. Não contem!

Quando cheguei em casa, tive o meu momento. Momento travesseiro, muito choro, e caí matando na travessa de brigadeiro que eu tinha feito na noite anterior. Isso que é normal. Chorar por algo triste na hora devida, ué.

Nunca deixe ninguém dizer que você não pode fazer alguma coisa. Se você tem um sonho, tem que correr atrás dele. As pessoas não conseguem vencer e dizem que você também não vai vencer. Se quer alguma coisa, corra atrás.

Chorei, chorei. Foi bom. Pus pra fora. Mas nada de "Oh, meu Deus, que mundo cruel! Será que isso, será que aquilo..." Tô fora dessas torturas de pensamento.

Eu já sabia que a chance seria maior se eu transferisse dois embriões em vez de um. Mas e o medo de ter gêmeos? Medo no bolso e nos cuidados sozinha no dia a dia. Sim, pois minha mãe com certeza virá de Brasília me ajudar, só que ela mora lá... Eu não quero depender de uma babá-sombra o tempo todo. Eu posso querer tê-la por um tempo ou precisar, mas o ter que ter eu não quero. E sozinha com gêmeos, hum, não sei, não.

Por isso eu já sei que na próxima também vou colocar só um. E aguardemos.

Bem, agora então não vou comprar nada pela internet. Vou aguardar. E, se bobear, até chegar a data da próxima transferência, já terei recebido alguns itens *by China* pelo correio.

Confesso que de ontem pra hoje lembrei muitas vezes da médium da umbanda, aquela que me deu uma vela branca, que pôs a mão na minha barriga e disse que eu já sou mãe e também que... "na hora certa". Esse "na hora certa" vem à minha cabeça de tempos em tempos desde o dia em que ela me disse. Vem com mais frequência depois da transferência do embrião. E desde ontem eu me lembro disso cada vez que penso no assunto. Ou seja, praticamente o tempo todo.

Pode ser que eu esteja tentando me agarrar a algo maior, algo espiritual, como quem pensa: "Eu já tinha sido avisada que seria na hora certa". Mas é difícil saber que hora certa é essa, né? Como saber? Não tem como.

Seja o que for, talvez me lembrar dessas palavras deixe o meu coração e a minha cabeça mais tranquilos. Está bom assim. Sempre disse nas palestras das escolas que quem possui qualquer religião, seja qual for, e alguma crença espiritual vive muito melhor. E vive mesmo. Então, que eu me lembre disso sempre que precisar.

3 de março de 2016

Fazia algum tempo que eu não escrevia aqui, não é? Tudo bem. Tenho me dedicado muito ao trabalho. Dedicada sempre fui, mas tenho procurado me atualizar mais sobre qualquer tipo de assunto que seja pertinente à área em que atuo. Aliás, o meu trabalho me ajuda muito. Creio que já mencionei isso na primeira parte do livro. Meu trabalho me ajuda o tempo todo a enxergar a verdade, a buscar o equilíbrio e a sanidade mental. E aqui não é casa de ferreiro, espeto de pau.

Tenho pensado em voz alta se de fato vou colocar apenas um embrião novamente. Creio que sim. Quando penso na possibilidade de uma gestação considerada mais como sendo de risco, ter que ficar em repouso, ou seja, não poder trabalhar e pagar as minhas contas... Quando penso em um barrigão gigante, em um parto mais delicado, crianças possivelmente prematuras, incubadoras, amamentar gêmeos na condição de produção independente, contas a pagar, mil fraldas para trocar sozinha, noites maldormidas em dobro, contas a pagar, um sossega e o outro berra, contas a pagar, o que fazer com um deles quando tiver que correr para a emergência no meio da madrugada, contas a pagar, em ter uma babá integral, contas a pagar... Produção independente e gêmeos crescendo e os preços das boas escolas hoje em dia... Ainda tem a aula de inglês, um esporte, tempo para ajudar na tarefa da escola, trabalhinhos, mil aniversários, viajar de avião com duas crianças pequenas (como será com dois bebês de colo?), contas a pagar...

Com 90% de certeza, acredito que vou tentar mais uma fertilização com apenas um embrião. Bem, acredito nisso com 85% de certeza. Já menstruei. Aquela menstruação que eu disse que seria logo após o corte dos medicamentos depois do negativo. Aos poucos amigos que sabem do ocorrido e perguntam como está a história, eu digo que estou aguardando a primeira menstruação. Mentira. Estou aguardando a segunda. Acho que não vou falar para nenhum deles quando eu já tiver feito a segunda fertilização in vitro. Vou enrolá-los até sair o resultado. Se der positivo, vamos todos comemorar. Se der negativo novamente, aí digo que finalmente vou fazer pela segunda vez, mas já seria a terceira.

♡ Produção independente

Prefiro o risco da menor probabilidade de dar certo com um embrião do que o risco de colocar dois e ter gêmeos. Pelo menos é o que penso no momento. Peço a Deus que tudo corra bem na gestação, pois não posso parar de trabalhar. Penso até que vou deixar de trabalhar por apenas um mês quando o baby nascer. E eu lá tenho que dar satisfação da minha vida para alguém? Eu, hein... Cada um que vá escrever um livro, plantar uma árvore ou fazer um filho e que cuide da própria vida!

O que eu sei é que estou esperando a segunda menstruação para poder ligar para a clínica e dizer: "Pronto, menstruei, e agora?". Enquanto isso, terei tempo para ver se as comprinhas que fiz no AliExpress e no wish.com vão chegar dentro do prazo estipulado pelos próprios sites. Veremos! Se sim, sou capaz de comprar até o carrinho de bebê pelo AliExpress. Tem um que é incrível! Coisa mais linda! Meio estilo retrô europeu, um charme. E também já serve de bercinho para os primeiros dias ou semanas de vida no meu quarto, ao lado da minha cama.

Sim, é assim que será. O bebê na minha cama, não! Como eu já disse, morro de medo de esmagar, sufocar o bebê. Eu durmo com celular, carregador, iPad, livro, tudo em cima da cama. Quando eu acordo, vejo que tudo está igual, nada mudou. Quase sempre. Quase. Mas eu não vou arriscar colocar o bebê na cama comigo. Mas que ele vai ficar ao meu lado em um carrinho, ah, isso vai! Mais fácil para as mil mamadas, mil choros e mil neuroses minhas pensando: será que está vivo? Será que está respirando? Deixe-me ver! Óbvio que vou usar aquele travesseiro antirrefluxo e que não deixa o bebê virar de lado. Coloco o carrinho na posição um pouco inclinada e pronto.

Há também um bercinho dobrável. Supostamente fácil e prático para levar a restaurantes e casas de amigos. Mas algo me diz que um bom carrinho ainda é a melhor solução.

Outro dia fui a uma loja para abrir e fechar carrinhos. Não fui muito fã do tal modelo guarda-chuva; achei muito mais fácil abrir e fechar os outros carrinhos, que são mais volumosos. E daí que são mais trambolhos? Só vão entrar no porta-malas e no avião quando for o caso. Nos restaurantes e nas casas dos outros, o carrinho estará armado como qualquer carrinho estaria. Há uma chance gigante de eu comprar um carrinho bem charmoso estilo europeu mesmo, hehe. Quer saber? Eu mereço! Meu baby também. Tanta batalha, tanta dedicação, tanto planejamento, tanto sonho, tanta determinação... Ai de quem se atrever a falar qualquer coisa que tenha um quê de ataque. Já leva de volta o troco na hora mesmo. Detalhe: quem ataca em real leva o troco, no mínimo, em euro ou libra! Sou leoa por natureza. Com cria do lado, então, nem se fala.

Hoje eu tive uma ideia muito legal. Já que como autônoma eu me preocupo muito com o financeiro, assim que o resultado der positivo vou abrir uma poupança ou previdência privada para a cria. Penso que no mundo de hoje todos os pais deveriam fazer isso. É uma medida para garantir mais sossego em caso de emergência ou imprevisto.

Aposentei os livros sobre gestação e sobre bebês. Eles estão bem visíveis: no armário, no sofá da sala, no criado-mudo, na clínica, mas não estou lendo. Acho que tirei esse tempinho para descansar a minha mente. Mergulhei em séries da Netflix. Já assisti a várias e agora estou quase terminando uma que se chama *Switched at Birth*. Ótima para a minha profissão, por sinal. Mostra muito as diversas confusões e situações que as famílias enfrentam. Mostra inclusive personagens em busca da própria origem biológica. É emocionante esse seriado. Muito bom mesmo. Falando nisso, vou voltar pra lá.

6 de março de 2016

Confesso que passei algumas horas nos últimos dias pensando se coloco apenas um embrião ou se arrisco dois. E acabo de fazer uma pesquisa pela internet. Se eu colocar dois embriões, as chances de positivo realmente aumentam. E se der positivo não só para um embrião, mas para dois, ou seja,

♡ Produção independente

gêmeos, é certeza de que terei uma gestação mais delicada, com mais chance de ter que ficar em repouso e maior probabilidade de ter parto prematuro, nenê abaixo do peso etc. Não quero outro negativo não, é óbvio. Pesa muito no coração. Pesa muito no bolso. E tenho certeza de que se a minha segunda tentativa der negativo, a tranquilidade em que ainda estou (e estou mesmo) vai começar a ficar abalada. Pois vou começar a pensar coisas do tipo: "Poxa, mas se meus óvulos são considerados ótimos, os espermatozoides também, minha idade também, o que acontece, então?". Mas quando coloco tudo isso na balança, sendo produção independente, mantenho a decisão de tentar novamente com um embrião apenas.

A gestação com a qual eu sonho, que eu quero, é uma gestação tranquila, com apoio dos meus verdadeiros amigos, do amor incondicional da minha família e da paz e bênção espiritual. Quero poder dirigir, trabalhar e fazer as minhas coisas normalmente. Como eu disse, essa é a gestação que eu quero. Veremos o que a vida vai me dar.

Já refiz as contas. Se tivesse dado certo, no próximo Natal já teria gente nova no pedaço. Não deu. Se der certo na segunda tentativa, pode ser que nasça perto do meu aniversário. Já pensou se nascer aquariano também? Garanto que se tiver metade da garra que eu tenho, será uma pessoa feliz e realizada na vida. Corajosa e responsável.

Comecei a enviar mensagens para os meus dois embriões congelados. Até agora fiz isso umas três vezes. No quarto do bebê, com o guarda-roupa aberto, segurando uma das roupinhas que já tenho. Algo do tipo: "Então... a mamãe está aqui. Esperando que dê certo um de vocês dois. O outro embriãozinho já foi. Não deu certo. Mas eu espero que um de vocês dois dê certo. De preferência na próxima vez. E, de preferência, um só".

Confesso que é muito estranho tudo isso. Falar ao mesmo tempo para os meus embriões que eu estou aqui para eles, afinal, eu não tenho como falar que estou aqui para apenas

103

um deles. Não tem como. E ao mesmo tempo falar que vou colocar apenas um dentro de mim. Muito estranho. Eu até já pensei que, dependendo de como for com o primeiro, eu seria capaz de fazer um segundo. De dar um irmãozinho ao meu primeiro filho. Um irmãozinho da mesma mãe e do mesmo pai. Eu teria preocupação financeira, mas o desejo não falta.

Quero muito ir à umbanda amanhã. Sentir toda aquela energia no meu corpo. Sair de lá com algo bom, como sempre foi. Enquanto isso, que Deus abençoe o meu processo e os meus embriões. Atendendo ao meu pedido, sim, mas também me dando o que há de melhor e que de fato me fará feliz como mãe.

7 de março de 2016

Tomei passe hoje na umbanda com um senhorzinho que eu nunca vi por lá: ritual normal de acolhimento, bênção com ramo de uma planta da qual sempre esqueço o nome, mão na minha mão. Ele me falou:
– Tudo bem, filha? Como tá a vida? O que você me conta da vida?
– Ah, eu estou tentando ser mãe. É fertilização in vitro. E é produção independente. Eu já fiz uma vez, mas não deu certo. Então agora estou esperando pra fazer outra vez.
– Viiiixe... você falou de um jeito, com umas palavras que eu não entendi nada. Fale de um jeito pra eu entender.
Eu ri e disse:
– Eu estou tentando ser mãe. Só que eu sou solteira. Então estou usando a medicina.
– Ah, agora eu entendi. Você não tem um companheiro, não é isso?
– Isso.
– E aí o ser humano brinca de ser Deus, né?
– Mais ou menos...
– E olha só que maravilha o ser humano consegue fazer, né?

♡ Produção independente

Usar uma coisa moderna da medicina pro bem, pra realizar uma coisa boa...

– Sim, no meu caso é isso.

– E daí você fez uma vez e não deu certo, é isso?

– Isso.

– E o médico falou que está tudo certinho aí com você, né?

– Isso.

– Hum... mas como você não tem um companheiro, então está fazendo isso. Hum... e olha... deixa eu te falar uma coisa: pra criar um filho bem só precisa de uma pessoa com muito amor. Não precisa de duas, três, dez pessoas, não. Pra criar um filho bem só precisa de uma pessoa com muito amor. De que adianta ter dez pessoas sem amor criando um filho, não é mesmo? Então basta uma pessoa. E olha, deixa eu te falar outra coisa: vai ter gente que vai falar isso, que você tá criando o filho sozinha, que você tá fazendo isso, que você tá fazendo assim, assim... Olha só... não dê ouvidos pros outros, não. Se a gente pergunta pros outros qual roupa a gente deve vestir, cada um vai falar uma coisa e você não vai vestir nada. Então não dê ouvidos pros outros não, viu... Faça o que você quer fazer e pronto [eu ficava cada vez mais apaixonada pela umbanda]. Como é que tá a sua comunicação com Deus?

– Ah... eu oro a Ele no meu canto, no meu quarto.

– E como você acredita nisso?

– Hum... eu acredito que tem algo superior, um Deus superior, e quando eu sinto no coração eu oro, converso...

– E com o seu protetor?

(Pausa)

– E com o seu protetor, você tem conversado?

– Não. Acho que estou falhando nisso.

– "Acho que estou falhando", não. Você está falhando [parecia Denise versão umbanda falando, rsrs]. Então você comece a conversar mais com Deus e com o seu protetor. Você fala pra Deus que se é pra ser feliz com esse filho, que você vai ser feliz e que vai ser um filho feliz, então tá tudo certo. Mas você tem que

105

saber que de repente Deus quer que esse filho venha com um espírito que está por aí procurando por um espírito como o seu também [meu? Xiiii... não vem que não tem!]. Porque se você faz o bem, então você atrai gente boa pra você, certo?
– Certo.
– Só converse mais com Deus e com o seu protetor e tudo vai dar certo.
– Amém.
Esse papo de enviar pensamento positivo, de falar com Deus, de comprar mantinha pra falar pro embrião "gruda, embriãozinho, gruda" também pode ser bem cruel. E quando não gruda? É pra pensar então que não mandei energia positiva suficiente? Que eu não converso tanto com Deus e com o meu protetor? Que não era a hora certa, que Deus não quis? Pô! Muito cruel e tremendamente injusto ter que lidar com esse plano cósmico espiritual invencível. Prefiro me ater aos fatos concretos (pelo menos por enquanto), como o que já houve comigo: o embrião não grudou no útero e pronto. Ok, mas que eu vou conversar mais com Ele e com o meu protetor, ah, isso eu vou. Quero muito ser mãe com o próximo embrião implantado.

21 de março de 2016

Menstruei hoje. Por isso creio que voltei a escrever. Sei que a hora da nova transferência está chegando. Será que em abril eu já saberei o resultado? Veremos! Tenho pensado muito em gêmeos. Tenho pensado muito no tipo de embrião a ser transferido: D2, D3 ou blasto (blastocisto). O último é conhecido por ser de melhor qualidade, pois está mais desenvolvido e adere melhor ao útero, o que é necessário após a transferência: que o embrião grude no útero. Tenho conversado com algumas mulheres conhecidas de amigas minhas que já passaram pelo processo e hoje são mães. A maioria não engravidou de primeira. A maioria teve que lidar com pelo menos um negativo. Uma coisa eu já sei: na próxima

♡ Produção independente

transferência ou eu vou querer um blasto ou vou arriscar dois D3. De qualquer modo, pode não dar certo. Assim como um pode virar dois ou dois podem virar três, quatro (Jesus amado!). Sempre imagino com total certeza que, mesmo se vier só um, sempre chamarei muita atenção com o bebê. "Lá vem ela. Corajosa, foi atrás do seu sonho da maternidade e conseguiu." É incrível como algumas cenas imaginárias vêm à mente enquanto escrevo. Exatamente agora veio à mente a minha imagem no próximo agosto, no aniversário do meu avô, dizendo: "Ó... seguinte... a caçula da família não é a Micaela, que acabou de nascer, não. O caçula da família está aqui dentro!". Pois é. Aguardemos os fatos...

Estou perdendo o medo de transferir dois embriões para o meu útero. Eu sei muito bem que, se transferir dois, a probabilidade de um ou nenhum dar certo é muito maior do que de dois darem certo. Afinal, como eu tenho dito, não há dúvida: entre dois ou zero, é óbvio que fico com dois. Mesmo três. Surto um pouco, mas não morro, não. E o tempo passa tão rápido... Quando eu menos perceber, entre um estresse e outro, entre uma viagem e outra da minha mãe para me ajudar, entre um telefonema e outro para amigos no meio da madrugada, quando eu perceber meus filhotes já estarão com quatro, cinco anos. Maiorzinhos, mais independentes dentro do que é esperado no desenvolvimento infantil.

Como estamos em março, eu já imagino o seguinte: o chá de bebê, todos me dando fralda, pois é o que pedirei, e no meu aniversário, em janeiro de 2017, todos me dando fralda, pois é o que pedirei!

As comprinhas dos sites AliExpress e wish.com estão chegando. E estou gostando. Oba! Pois no dia da próxima transferência vou fazer mais uma comprinha básica. E no dia do positivo também.

Às vezes, fico imaginando as madrinhas. Não imagino os padrinhos. Sei lá, os homens, em geral, são tão displicentes com seus afilhados, né? Madrinha é mais presente. Mesmo se

107

for como eu, a distância. Sim, pois tenho dois afilhados: André e Theo. Mal dou atenção, até mesmo por internet, confesso. Mas eu os amo demais e sempre tenho imensa preocupação e zelo por eles. Eles são meus primos. E confesso que, embora eu seja muito carinhosa com os meus primos de modo geral, pois sou mesmo, eu tenho um quê especial com André e Theo, afinal, são meus afilhados. De batismo mesmo.
Então quero que cria minha tenha madrinha. Mas como eu não frequento a igreja católica e sou alérgica a hipocrisia, algo me diz que vou realizar uma cerimônia num gramado durante uma manhã e eu mesma efetuar as falas em direcionamento a Deus. Tenho certeza de que será um evento lindo e emocionante, além de verdadeiro.

22 de março de 2016

Vejo muitas mulheres criando duelo de titãs com seus médicos de fertilização. E nunca entendo a razão disso, a não ser a loucura. Delas, óbvio. Tenho dúvidas, claro. Questionamentos também. Às vezes fico sabendo por outras pessoas de alguns detalhes que o meu médico mesmo não contou. Posso exorcizar ou posso ter um diálogo com tranquilidade, respeito, educação e foco no bom senso e na compreensão. E estar aberta às devidas explicações. Sim, pois as mulheres que conversam com seus médicos já com a mente fechada para o que eles vão dizer, não saem do diálogo de modo satisfatório nunca. Claro!

Eu já liguei para outras clínicas de fertilização. Fiz exames adicionais aos solicitados pelo meu médico, mas veja bem: uma coisa é você aproveitar a situação de pagar um convênio médico e assim realizar todos os exames de sangue possíveis. Outra coisa é você procurar pelo em ovo e pagar caaaaaaro por exames desnecessários, invasivos e doloridos até onde se sabe. Sim, afinal, é a mesma coisa que entrar em um aparelho de ressonância magnética para achar algo que nem mesmo você sabe o que

pode ser achado. Ou seja, uma coisa é se precaver, outra coisa é procurar sarna pra se coçar. E eu não gosto de coceira, não. Afff...
Há alguns dias conheci, via internet, uma moça que também está fazendo uma produção independente. Centrada também. Questionamentos e informações dentro do bom senso, e não mergulhados na neurose bitolada como acontece com muitas mulheres. Ela transferiu dois embriões blasto e está grávida de gêmeos. E está muito feliz. Óbvio.
Pois é, isso fortalece mais ainda o que eu pensei ontem. Conversar seriamente com o médico e solicitar que os meus óvulos, meus espermatozoides (sim, são meus) e os meus embriões já congelados passem por um processo maior em laboratório até atingirem a qualidade de blastocisto. O que atingir, ótimo. O que não atingir é porque não seria um bebê nunca. Simples. Fato. Pesquisei e apurei.
Já me imagino em uma viagem internacional maravilhosa, como a última que fiz: para a Espanha. Eu e minha(s) cria(s) no ônibus da excursão, descendo para alguns passeios. Para outros, não. Tudo depende da comodidade da mamãe nessa situação.

5 de abril de 2016

Na verdade hoje é dia 6, pois já é meia-noite e meia. Mas, como ainda não dormi, então conto como sendo dia 5.
Tenho conversado com algumas mulheres no Facebook. Produção independente, casal que terá que usar sêmen de banco devido à esterilidade do homem, mil histórias. Por isso tenho na minha cabeça algumas pessoas com mais carinho e respeito. Tenho a impressão de que um dia, em breve, coisa de dois anos, no máximo, será marcado um encontro em algum resort maravilhoso do Brasil e nos conheceremos pessoalmente. Será o máximo!
Tive outra consulta com meu médico. Tirei muitas dúvidas com ele, que me disse: "Ok, se seus dois D3 virarem blastos, eu colocaria os dois; não congelaria um, não".

Agora eu estou com a sensação de que os dois D3 vão virar blastos e assim, então, serão colocados dentro de mim. As coisas, as informações, as estatísticas junto com o meu coração estão caminhando para que eu transfira dois embriões para dentro do meu útero.

De repente a paz toma conta de mim. Como uma sensação de fato consumado.

A minha clínica está indo bem. Creio que consigo pagar boa parte do financiamento bancário do apartamento novo antes de o bebê nascer. Engraçado... falo em colocar dois embriões, mas falo em um bebê. Mudei. Interessante.

Tenho a impressão de que com um ou com dois bebês eu vou chamar atenção aonde eu for. Pela praticidade dos objetos, pelo domínio da situação. Pela alegria em si. Tenho dentro de mim que tudo será muito tranquilo. Inclusive a amamentação.

6 de abril de 2016

Não contei. Esqueci. Outro dia vi três livros na recepção da clínica de fertilização. *Meus pais e eu*, *Minhas mães e eu* e *Onde está meu papai?* Fantásticos! Vi, amei, entrei em contato com a autora e bingo! A própria autora, Helena Prado Lopes, os enviou a mim com o desejo carinhoso de boa sorte em todo o meu processo.

As histórias são lindas, super-realistas, muito didáticas. Perfeitíssimas. Recomendo mesmo.

Bebê, venha logo! Quero comprar o seu carrinho charmoso e sonhar de verdade com a nossa primeira viagem internacional. Você no "canguru" e a gente em algum resort maravilhoso de Cuba ou lugar semelhante. A Cuba fui e a Cuba voltarei (as pessoas, de modo geral, são muito preconceituosas em relação a Cuba. Fui apresentar um trabalho uma vez e amei as ilhas).

10 de abril de 2016

Hoje passei o dia inteiro assistindo aos documentários da Netflix. Como o nosso mundo é lindo! Como tem gente boa neste mundo e como tem gente podre! Quanta destruição, pedofilia, crianças inocentes encarceradas, quantos tipos de máfia... Mas que bom que temos coisas boas neste mundão. Hoje assisti de tudo: um documentário sobre juízes corruptos, outro sobre dois jovens que incendiaram dez igrejas no Texas, outro sobre produção independente e outro sobre duas irmãs gêmeas da Coreia do Sul que foram adotadas quando eram bebês. Uma delas foi para os Estados Unidos, a outra, para Londres. Elas só se conheceram, aos 29 anos, porque um amigo da que mora em Londres viu um vídeo do YouTube achando que era a amiga. Mas não era. Era a irmã gêmea. Então começaram a busca: Facebook e contatos. Fizeram o exame de DNA e tudo resolvido. As duas foram juntas a um evento realizado a cada três anos na Coreia do Sul para coreanos adotados. Ou seja, deve haver bastante. Isso me fez pensar mais ainda quanto de fato todos nós queremos saber sobre a nossa origem. E, no caso de uma produção independente com sêmen de doador anônimo, fica praticamente impossível saber quem é o pai biológico. Mesmo com a internet. Mesmo com o Facebook. Ou seja, se eu tiver gêmeos, talvez um possa ser apoio para o outro no sentido de terem com quem compartilhar os mesmos sentimentos, curiosidades, necessidades afetivas etc.

Mais um motivo para eu relaxar e torcer para que os meus dois embriões D3 virem blastos e esses blastos, transferidos para o meu útero, virem dois bebês.

O dia de hoje me fez pensar em muita coisa. Uma amiga foi almoçar com seus pais. Outra furou o sorvete que tomaríamos. Nem deu satisfação. Outra mal respondeu à minha mensagem de WhatsApp. Outra está viajando, mas mesmo que estivesse aqui provavelmente estaria em algum churrasco regado a cerveja.

A outra casou – foi viajar enquanto decoravam a casa. A outra estava com preguiça. E eu fiquei então no meu sofá me deliciando com os documentários da Netflix e pensando: todo mundo faz o que lhe convém. Todo mundo diz que pensa no outro, mas, na verdade, não pensa muito, não. Dizer é fácil. É a parte mais fácil. Difícil é ver um amigo que de fato se doa ao outro sem pensar em si. Até mesmo numa simples escolha de filme para assistir no cinema. Coisas banais, mas que significam muito.

Nessa miscelânea de pensamentos de hoje (também, pudera, com tantos documentários fortes a que assisti... rsrs) me deu uma tremenda vontade de fazer uma viagem mais uma vez. Eu tinha dito a mim mesma que 2016 seria um ano sem viajar, pois estou concentrada em vários outros gastos: diminuir juros do financiamento do apartamento novo, ou seja, pagar parcelas adiantadas, na produção do meu baby mesmo e, com isso, na troca de carro. Fazendo as contas no calendário, o baby nasceria em 2016 apenas se fosse um prematuro de 34 semanas. Deus queira que não. Não será e ponto final. Então já estou me imaginando grávida, com uma barriguinha aparecendo, realizando uma viagem ainda neste ano. Mas não seria apenas lazer. Seria algo meio doação de mim mesma. Doação de serviço. Algo na Índia ou na África. E eu iria de boa. Se meu obstetra me liberar, se eu estiver bem, vou mesmo. Eu, hein?! Tô fora de frescurite. Quero minha segurança e saúde preservadas, garantidas. O resto, vambora que o mundo é o meu lar e a vida é uma só!

Já estou até vendo a seguinte situação — daqui a um tempo, eu postando no Facebook: "Estou indo para a Índia daqui a duas semanas. Aceito (com urgência) doações de bonecas, bichinhos de pelúcia e afins. Vou doá-los à população". Se quando eu fui a Cuba, há quase três anos, eu levei uma mala enorme com perfumes, maquiagem e afins para doar, imagino que desta vez eu levaria umas três malas.

Após assistir a um documentário que relata como é comum a prostituição infantil na Índia, já imaginei uma mulher colocando um bebê em meus braços e dizendo para levá-lo comigo, pois se ficar lá vai acabar nas drogas e na prostituição. Eu, emocionada e perplexa, aceitaria na hora, meio sem reação, depois a mãe biológica diria: "Mas tem a irmã mais velha. Você leva?". E eu, na mesma hora, daria a mão à menina. Já me imaginei mandando mensagem no Facebook e no WhatsApp pedindo doações para o início da vida a três, e estaria na dúvida cruel sobre quando colocar as meninas em alguma escola. Eu não poderia parar de trabalhar de forma alguma, e elas logo teriam que se distanciar de mim por algumas horas para irem à escola. Ai, meu Deus... De fato minha imaginação é fértil, de fato sou defensora dos pobres e oprimidos, e de fato quero ser mãe. Eu jamais separaria um bebê de sua irmã mais velha. Levaria as duas, com toda a certeza do mundo.

22 de abril de 2016

Hoje fiquei bastante tempo no quarto do baby. Ou dos babies.

Fui ao obstetra para ter retorno do Papanicolau. Ele disse: "Como era esperado, está tudo absolutamente certo com você. Pode fazer o procedimento tranquilamente".

De uns dias pra cá voltei a usar com mais frequência o repelente contra o mosquito transmissor da dengue, zika e chikungunya.

Estou menstruada. O primeiro ultrassom foi marcado para o dia 3 de maio para verificar a espessura do endométrio. Ou seja, provavelmente a transferência dos embriões será na semana seguinte, depois do Dia das Mães.

Ontem tomei uma decisão: não vou solicitar ao meu médico de FIV que veja se meus dois embriões D3 virarão blastos, mas vou solicitar que, além disso, a equipe "faça" blastos com meus quatro óvulos que estão congelados. Algo me diz que terei dois blastos para serem transferidos e que terei um big positivo.

Se nada der certo, bem, aí eu penso depois. Se mudo de clínica, se faço inseminação artificial ou FIV de novo, se viajo para Jerusalém, Filipinas ou Saturno e depois retomo tudo isso... Depois eu vejo, se for o caso. Mas algo me diz que não será o caso.

Estou na minha última semana de álcool. Logo terei que parar novamente. Aliás, não vejo a hora. Algo me diz que agora vai.

15 de maio de 2016

Só agora me dei conta de que faz quase um mês que não escrevo aqui no livro. Eu estava ciente de que estava protelando a escrita, o contato, e confesso: hoje, agora, na véspera da segunda tentativa de fertilização, fui tomada por uma emoção que não existiu na primeira vez. Não sei se é a ansiedade da espera, se é o fato de ser a segunda tentativa, se é o fato de que amanhã saberei o que aconteceu com meus quatro óvulos, dois embriões D3 e o sêmen que tenho, ou seja, quantos destes resultaram em embriões blastos, ou se é a decisão de transferir dois embriões.

Na semana passada fui ao Centro novamente. Pela primeira vez ouvi de uma entidade algo diferente. Até então todos haviam falado que eu serei uma boa mãe, que o meu filho já está encaminhado, que eu sou corajosa, sempre me dizendo que tudo ocorrerá no tempo certo. Dessa vez não teve esse negócio de tempo certo (como um balde de água fria e pulga atrás da orelha), mas sim para ter fé, confiar em Deus, que tudo vai dar certo. Isso me deu mais certeza de que agora vai.

Agora há pouco eu montei uma espécie de altar no quarto do baby. Uma vela branca acesa, um anjo que tenho com uma pombinha branca, uma lâmpada mágica, uma roseira de verdade e um olho turco para dar sorte e espantar mau-olhado. Mentalizei toda a sorte e positividade possíveis.

Aqui em casa já está tudo preparado. Hoje fiz sopa e congelei. Comprei uma torta de frango, queijo brie, que gosto de comer com lascas de castanhas e mel. Uma amiga vai me acompanhar à clínica amanhã e me fazer companhia em casa. Da outra vez fiquei sozinha. Fiquei bem e sei que não é necessário nenhum "escravo" grudado em mim. Mas desta vez eu quis. Quero ser paparicada. Quero ser cuidada. Ainda mais por uma pessoa que torce muito pela vinda do meu baby.

Estou olhando agora para a pilha de revistas e livros que tenho sobre gestação e bebês. Creio que vou retomar a leitura nos próximos dias.

É isso aí. Já escolhi a camiseta que usarei amanhã: "Se faz sentir, faz sentido".

E assim me retiro agora para dormir. Se Deus quiser, a última noite antes da maternidade. Bons sonhos!

Aquele que não luta pelo futuro que quer tem que aceitar o futuro que vier.

17 de maio de 2016

Feito. Ontem. Tudo correu muito bem. Dos dois embriões D3 que eu tinha, um virou blasto e foi colocado em mim. E dos quatro óvulos + sêmen que eu ainda tinha, três viraram blastos, e um foi colocado a fresco em mim também. Ou seja, ainda tenho dois embriões blastos que agora, então, foram congelados. Muito bom! Desta vez deu até para ver o sinal da transferência no ultrassom e a foto dos dois blastos no computador. Coisa mais linda! A cara da mãe! Hahaha!

Agora é esperar quinze dias para o exame de sangue. Se der acima de 5 já é sinal de possível gravidez. Não muito garantido, mas gravidez. Quando eu fiz a primeira tentativa, o resultado foi menor que 2. Mas se der algo acima de 20 já fica melhorzinho. Bom mesmo é algo em torno de 300, de 500. Enfim, aguardemos.

Fiquei em casa com a minha amiga. É bom também ser mimada. Ser cuidada. Muito bom. Receber mensagens de amigos queridos que sabem do procedimento também é importante, afinal, é fato: mesmo sendo produção independente, há a necessidade afetiva de sentir o acolhimento.

A noite foi preenchida com muito papo, muitas emoções, queijo brie com lascas de castanha e mel, torta de frango e saladinha. No dia seguinte fui tirar o pijama só às 18 horas. Coisa boa! Só porque eu tinha que tomar banho. Fiquei na cama e no sofá o dia todo vendo filmes, mil programas de competição de culinária (amo praticamente todos) e comendo porções pequenas ao longo do dia. A única estripulia que fiz foi ir a pé à farmácia da esquina comprar dipirona, pois acordei com torcicolo. Até as 14 horas não tinha passado a dor nem com paracetamol. São os únicos medicamentos que posso tomar. E Buscopan Duo também.

Como previsto, retomei a leitura das revistas e livros sobre gestação, além de fuçar um tantão no Pinterest. Mas, amanhã, vida normal na clínica.

Enquanto eu via algumas coisas para bebês, fiquei pensando: móbiles – eles gostam disso mesmo? Eles olham para os móbiles ou quem gosta é a mãe? Tenho as minhas dúvidas. Buscarei informações – morro de medo de um móbile despencar no berço e o bebê engolir alguma peça. Ai, credo!

Hoje chegou um par de meinhas megafofas da China. Já estava na hora! Tenho mil ideias para compras na cabeça. É só dar o positivo que já vou encomendar o tapetão para o bebê brincar no chão da sala, a frase que quero na parede do quarto do baby e possivelmente mais algumas coisinhas.

Acho que eu não vou conseguir ficar com a boca fechada até os três meses. Com os amigos que não sabem é mais fácil. Mas gostaria muito de poder contar para minha avó e meu avô. Dar essa alegria a eles. Mesmo antes dos tais três meses. Eles são importantíssimos na minha vida e estão chegando perto dos 90. Ou seja, nunca se sabe o que pode acontecer a qualquer hora.

29 de maio de 2016

Amanhã é o grande dia. Do Beta HCG. Confesso que desta vez estou um pouco ansiosa. Na outra vez não fiquei. Agora

♡ Produção independente

estou. Creio que é porque passei por um negativo e porque a partir de então busquei mais informações sobre tudo e fiz questão de transferir dois embriões blastos. Ou seja, a chance é muito grande. Muito grande. Inclusive de gêmeos, já que até onde se sabe eu não tenho problema nenhum. Aguardemos. Amanhã farei assim: às 7 horas estarei no laboratório para tirar sangue, depois vou para a clínica. Lá pelas 14 horas eu já posso ver o resultado na internet, mas não mereço fazer isso comigo. Mudei o dia e o horário do último paciente, assim, sairei da clínica às 16h45 e irei pegar o resultado do exame no laboratório. Se der positivo, vou comprar algumas coisas para fazer um lanche em casa com os amigos que sabem que eu passei pelo procedimento. Afinal, mereço e quero receber muitos fortes abraços.

Algumas coisas estão diferentes no meu corpo desde que fiz o procedimento. Em fevereiro, na primeira tentativa, lembro que tive muita dor de cabeça. Fraca, mas muitas vezes. Desta vez tive só uma ou duas vezes. Fraca também. Nada que me atrapalhasse. Mas agora vejo nitidamente que meus seios estão maiores. Já. Sem dúvida alguma. Algumas amigas também repararam. Eu sou magra. Não sou esquelética, sempre tive carne. A tal da falsa magra. Mas estou com uma barriguinha mais saliente do que eu já tinha. Aquela "tampinha" de barriga que muitas magras têm. Pois é. Está maior. Após uma relação sexual em que a mulher engravida, creio que 15 dias não é tempo suficiente para tais mudanças. Não esqueçamos que estou tomando remédios desde janeiro. Hormônios. Então é claro que o corpo sente.

Se não me engano, de ontem pra hoje comecei a sentir umas pontadas lá dentro. Dentro, não sei onde. Só sei que é dentro. Acho que senti umas duas ou três vezes no lado direito e uma no lado esquerdo. Não sei explicar. Não dói. Mas me faz andar mais devagar. Ops! Agora, enquanto escrevo isso, senti de novo. E foi no lado direito. É na lateral pra frente da barriga. Ou seja, rim não é. Eu, mestre em cálculo renal, fico atenta a isso.

117

Tenho dormido muito bem. Se vou me deitar mais cedo (leia-se lá pelas 23h30), rapidamente já consigo dormir. Ótimo. Assim seja.

Desta vez está acontecendo uma alteração que está me intrigando muito. Meu cabelo. Eu uso o xampu que eu já usava, profissional, superbom, e ele está ficando impregnado no meu couro cabeludo – é como se estivesse mais oleoso. Cheguei a achar que era um óleo novo que comprei para passar no lugar do condicionador. Fui até a loja e devolvi. Mas depois tive o mesmo problema. Aí experimentei outro xampu, de outra marca e sem sal e, para a minha surpresa, a oleosidade diminuiu. Eita! Será que é por causa dos hormônios que estou tomando? Creio que o exame de amanhã vai solucionar o mistério.

Minha mãe já disse que vai fazer um chá de bebê em Brasília. Que vai encomendar não sei o que com não sei quem, e assim, assim, assado. Acho ótimo! Adorei! Lá eu vou fazer chá de bebê mesmo, cada um da família e amigas da minha mãe me darão o que quiser. Aqui em Ribeirão já decidi: farei um chá de fraldas. Quanto a Brasília, deixo a imaginação solta com algumas dicas e opções do que quero, do que preciso. Com certeza vou deixar um "PS" do tipo: "Cuidado com roupinhas fofas cheias de botões ou miçangas. Provavelmente vou trocar, pois tenho medo que o bebê engula. Sim, sou chata. Sim, o filho é meu. Sim, você me adora!". É, vai ser gostoso.

Hoje é domingo. Quinta-feira passada foi feriado de Corpus Christi. Sexta e sábado aproveitei bastante para ir a lojas de bebês. Gostei de um berço que vira caminha. Ótimo investimento. Vai durar pelo menos uns cinco anos! Cadeirinha para comer papinha também já achei. Já o carrinho, nossa... minha cabeça está uma confusão! Minha mãe veio pra cá no fim de semana passado e me deu uma almofada de amamentação. Coisa mais fofa. Ótima. É feito com aquele material da Nasa. Bem firme, creio que vai sustentar direitinho o bebê, em vez de outras almofadas que não servem bem para tal função, pois afundam à toa. Minha mãe também deu uma sugestão: mudar de lugar a poltrona linda de *patchwork* que tenho e a cômoda. Fiz. Ficou ótimo. Muito melhor! Amei a sugestão da vovó!

E também já decidi: vou conversar com o gerente do banco sobre previdência privada para o baby ou algo semelhante. Coisa de quem é autônoma, solteira e pensa muito na segurança do futuro.

Agora vou atualizar minha lista de compras pela internet. Assim que o exame der positivo, vou providenciar a frase perfeita para o quarto do bebê. Será a frase das lembrancinhas dos dois chás de bebê. "Se você pode sonhar, você pode fazer." (Walt Disney)

❀

1º de junho de 2016

A confiança em si mesmo é um dos segredos do sucesso.

Depois de três dias, consegui voltar a escrever aqui. Meu telefone não parou de tocar! Quase explodiu. Achei que eu ia ficar sem impressão digital e gastar todo o meu *touch screen*. Foi assim:

7 horas: o Beta HCG ficaria pronto às 15 horas. Falei pra enfermeira: "Capricha nesse sangue aí, moça, pois tem que dar positivo!".

Eu sairia da clínica às 17 horas, pois o laboratório fecha às 18 horas. O paciente das 16 horas avisou que iria faltar. Eles adivinham, é incrível!

Só que às 15 horas meu médico me liga e: "DE-NI-SE!". Pensei: tô grávida! Mas disse: "Oi, tudo bem?". E ele: "Tudo bem, tudo ótimo! Você está gravidíssima! Não só grávida, mas gravidíssima! Resultado excelente! Daqui a duas semanas você vem fazer o ultrassom pra gente saber se..." Eu interrompi e disse: "Se é um ou se são dois..." Ele: "Isso!". Hahahahhahaha!

Falei pra minha mãe, que ficou superfeliz, e ela perguntou se podia falar para as amigas. Liberei, óbvio, afinal eu também queria confete! E decidi falar já para meus avós, pois o resultado foi muito bom (acima de 1.500 mlIU/ml) e os sintomas estão muito fortes. E outra: e daí que ainda não passaram os três meses?! Que tortura ter que guardar segredo absoluto! Quero mais é festejar. Eu, hein?! Não preciso colocar nas redes sociais, claro, nem falar para a torcida do Flamengo, mas para certas pessoas, sim!

Feito! Tirei selfie emocionada, microvídeo também, e mandei aos meus amigos e família. A primeira pessoa que soube foi a minha mãe. Todos ficaram emocionados e megafelizes! Mensagens lindas, carinhosas, uma delícia. Tudo que eu queria! Primos me ligando e mandando mensagens. Gostoso! Minha "comadre" também, pulando de alegria! Tia Mara, no Canadá, quase explodiu de tanta alegria! E meus avós... perdidinhos... Hahaha! Que delícia! Mais tarde foram os tios de Miami. Todos dando apoio e carinho. Afinal, o sonho é meu, a luta é minha, a decisão importantíssima na vida é minha. Coragem total também. E o baby... ah... é meu. E do resto da família também. Mas é meu.

Passei em dois lugares, peguei um pão de metro, berinjela curtida, coalhada, patê de azeitona (que achei superforte) e um bolo de chocolate com morango. Em plena segunda-feira!

♡ Produção independente

Meus amigos foram a minha casa e ganhei presentinhos. Ou melhor, o baby ganhou. Foi uma delícia! Até parece que eu, um trio elétrico ambulante, não iria comemorar e ser dengada! Ora essa! Uma maravilha sem palavras suficientes!

E as confabulações já começaram. Uma amiga da minha mãe disse pra ela: "Suzana, são dois meninos!". Minha xará de Brasília me disse: "Pode parar de decidir entre Pedro e Rafael. Será Julia e ponto final! Eu sou a tia, eu que sei". Tudo isso é muito gostoso! Sem preço!

Recebi mensagens fofas das amigas da minha mãe, algumas até choraram... Tudo de bom!

Uma amiga disse: "Olha, como você não é normal, acho que não tem um aí dentro, não. Nem dois! Talvez..." E o povo começou a falar "quatro, cinco!" E cair na risada (e eu no desespero, hahaha). Um amigo já sugeriu começar a organizar o sistema de revezamento. Minha massagista querida falou que aceita um bebê de doação. Só risada! E eu, apenas dizendo: "Um, dois... pipi, perereca, só peço a Deus, ao universo, a tudo: saúde. Só isso! O resto se ajeita. Surto um pouco, mas passa".

Desde as 16 horas da segunda-feira, quando contei para minha mãe, até as 2 horas da manhã de terça, eu não parei de falar. Se não era telefone ou reunião aqui em casa, era WhatsApp. Ai, ai, bom demais!

Ontem eu pude entender por que meu couro cabeludo está mais oleoso, por que meus seios estão inchados, por que o patê de azeitona tinha um cheiro mais forte. Quando fui a um restaurante com minha mãe, o aroma do cheiro-verde foi com tudo no meu nariz. Pude entender também, no circo com a Mariana, por que o cheiro do chocolate era tão forte! Quer saber? Estou adorando tudo isso.

Aquela minha amiga, que ficou comigo no dia em que fiz o procedimento, foi até as Sete Capelas fazer um agradecimento. Linda! Sem palavras. Amor e torcida genuínos. Sinto gratidão por tanto amor, tanta torcida, de tanta gente que compreende, que apoia mesmo, que aceita. Tanta gente que me ama.

E hoje lá fui eu na internet fazer uma big compra. Tapetão para o nenê ficar na sala, mosquiteiro pro carrinho, mil trecos. E aí, enquanto espero os três meses, recebo as compras aos poucos. Depois, sabendo o sexo, defino melhor o que comprar. Só alegria!

Na sexta-feira vou a Belo Horizonte, ao II Seminário Internacional de Mães. O do ano passado foi show! E é solicitado que a mulherada envie uma foto. Ano passado enviei uma foto com a barriga à vista. Dessa vez enviei uma foto segurando um cartaz: "Produção independente!". Orgulho total! Uma das organizadoras me disse: "Nos crachás, abaixo do nome, é escrito algo como "mãe do fulano", o que colocamos no seu?". Imediatamente respondi: "Pode escrever: *Só Deus sabe!*". E no dia seguinte irei, como sempre, à feira de artesanato de BH. Algo me diz que posso levar mala de rodinha! Sério! Ano passado eu disse assim para a minha amiga Eva, que mora em BH e sempre me recebe de braços abertos: "Ah, Eva... se eu já estivesse grávida, eu iria gastar horrores nessa feira!". Pronto, ué! Bora gastar!

E hoje fiquei pensando o seguinte: caso seja mais do que um nenê, olha... na minha situação, só assim pra eu dar um irmãozinho pro baby mesmo; pois penso que seria pouco provável que eu fosse passar por tudo de novo. Então, Deus, seja o que o Senhor quiser. Só peço saúde! Saúde, saúde e saúde! Pode(m) nascer com a cara do pai biológico, mas eu quero saúde! E tem mais, tendo um terço da garra da mãe, tenho certeza de que serão vencedores na vida! #explodindodefelicidade #doidaprasaberosexo #maedoano

7 de junho de 2016

É muito engraçado, já estou usufruindo os direitos de uma gestante: caixa preferencial, uma das primeiras a embarcar no avião, estacionar em vaga para gestante (essa última quando eu ainda nem tinha o exame de sangue, mas pensei: vou estacionar e ponto final – aposto que essa vaga é minha. E eu estava certa). Nos últimos dias minha imaginação está me alertando sobre a possibilidade de serem trigêmeos. Ou quadrigêmeos. Não é bem a minha imaginação, é uma hipótese mesmo. Confesso que a ideia me aterroriza. No fim vou achar graça porque tenho que achar graça. Mas, no fundo, no fundo, creio que eu ficaria meio em pânico. A começar pela gestação de alto risco, parto com certeza cesáreo, incubadora, UTI etc. Isso tudo me assusta muito. Porém, acho que já estou meio preparada psicologicamente para lidar com gêmeos!

Imagine só, na segunda-feira da semana que vem eu vou ouvir o coração do bebê (ou os corações). Medicina é mesmo uma coisa fantástica!

É interessante lembrar que, quando eu coloquei o embrião em fevereiro, eu pedia a Deus para que desse certo. E desta vez, que coloquei dois, eu não conseguia pedir que "o" embrião desse certo. Eu apenas pedia que desse certo. Engraçado como eu não conseguia anular um dentro de mim. Vai ver que é isso que mãe de quíntuplos sente. Mas deixa esse papo de quíntuplos pra lá, pois eu não posso perder o sono, tenho que dormir logo.

Hoje na umbanda ouvi algo muito lindo:

"Você é forte. Objetiva. Racional. E doce também. Trabalha muito com a energia dos outros. Quando você tem que resolver alguma coisa, você resolve. E você quer que as pessoas também resolvam logo seus problemas. Mas cada um faz a sua escolha, não é mesmo? Então não ponha nas suas costas o que é da energia dos outros. Às vezes, as pessoas lhe falam coisas que tiram sua paz, não é? E fica tudo martelando na sua cabeça. Mas olha, não saia da sua energia por causa dos outros. Quando alguém disser alguma coisa que tire sua paz, conte até dez, pegue este terço de Nossa Sra. Mãe Maria e mentalize a luz azul por um minuto. E confie no que Deus vai lhe dar. Ele sabe que você dá conta. E você vai dar conta de chegar lá".

E olha que eu nem disse que estava grávida. Eu simplesmente sentei e ouvi. Ganhei uma folha de guiné, um tercinho e uma rosa linda.

14 de junho de 2016

O ultrassom era pra ter sido ontem, mas houve um imprevisto com o médico – o carro dele quebrou. Então mudamos para hoje. Nossa Senhora, tudo comigo é no agito mesmo! Aí remarquei para o dia seguinte; a secretária me ligou dizendo que ele conseguiu chegar à clínica. Lá fui eu, curiosa para ver quantos embriões deram certo. Eu até que estava preparada para gêmeos. "Preparada" significa: um ser (eu) trabalhando o psicológico há uns dez dias para receber de coração aberto dois babies de uma só vez, sabendo da mão de obra (e financeiro) que seria cuidar de dois, sozinha, ao mesmo tempo, longe da família, sendo autônoma etc.

Não pude conter a alegria quando meu médico me mostrou um bebê de 7,9 mm, com o coraçãozinho batendo a 129 bpm. Super-hiper-megacolado em mim. Maravilha!

Saí de lá feliz e aliviada. Se fossem dois, tudo bem também. Seria mais complicado, mas tudo bem.

Como eu não perco nenhuma oportunidade para fazer graça, mandei a seguinte mensagem para todo mundo:

"Oi vovó, oi vovô, oi bando de tio e tia. Então, vocês sabem como a mamãe é, né? Quando acabarem de ler esta mensagem, por favor, pensem bem no que vão escrever pra mamãe. Mamãe colocou dois embriões, sendo que cada um poderia se dividir. Mamãe ficou morrendo de medo de virem quatro bebês, afinal, ela é saudável e o doador também. O exame de sangue deu lá nas alturas. Mamãe tem algumas amigas que têm gêmeos e ficou imaginando como seria cuidar de tudo sozinha com quatro bebês. Então Deus teve piedade e não avacalhou com a mamãe, não. Deus não deu quatro. Deu três. 'Você não quer tanto ser mãe? Não falou tanto nisso? Não se acha o máximo? Comprou apartamento maior pra isso mesmo! Então toma: três!'. Por favor, desarregale os zóio, respire, invente palavras de apoio que funcionem com a mamãe e escreva algo que de fato a mamãe vai se sentir apoiada, pois ela precisa continuar no eixo. Mas calma, que eu sou filho da mamãe. Ou seja, filho de peixe, peixinho é. Já sou cheio de graça! Tô surfando no útero da mamãe! Dando mil cambalhotas! SÓ TEM EU! Kkkk! Daqui a um tempo eu falo pra vocês se tenho pipi ou pererca! Kkkk! Beijo vovó, beijo vovô, beijo bando de tio e tia! #enganeiobobonacascadoovo #filhounico Vou rodar o mundo de canguru com a mamãe! Viva! #gratidao".

Confesso que foi o máximo receber as reações de todos. Muitos me xingaram! Alguns choraram (não sei se de felicidade ou de preocupação!). Ai, ai, e assim termina meu dia.

Simplesmente em paz e com total gratidão a Deus, à natureza, à decisão de ter colocado dois embriões blastocistos. Como é bom ser uma pessoa instruída, que busca informações, que confia, mas que também desconfia. Como é bom ter discernimento e ouvir o instinto. Só assim eu pude ter a postura de bater o martelo com o médico da fertilização sobre a transferência de embriões blastocistos, algo que deveria ser feito em todo procedimento de fertilização in vitro. Enfim, grávida estou.

Partiu maternidade em 3, 2, 1!

21 de junho de 2016

Quatro dias atrás levei um susto. Não vi graça, não. Ao contrário. Chorei bastante. Eu estava na clínica, fui fazer xixi e, para a minha surpresa, vi algo levemente rosado na calcinha. Como uma pincelada de iogurte. Pouco. Mas foi o suficiente para assustar, afinal, aquele rosado não deveria estar ali. Liguei para o meu obstetra e para o médico da fertilização. Ambos foram taxativos: eu deveria ir para casa, inserir progesterona e ficar de repouso absoluto no fim de semana – um novo ultrassom seria feito na segunda-feira.

Fiquei praticamente de repouso absoluto, graças a um revezamento de fiéis escudeiros; amigos com que posso contar para me levar comida, bater papo na minha cama, me levar todos os remédios e vitaminas, me servir um estrogonofe no almoço ou no jantar, levar guloseimas de padaria, picar morango e colocar em um potinho com iogurte e granola etc. Dormir em casa e me levar ao ultrassom também. Essa foi uma boa experiência para saber a intensidade e disponibilidade de cada um. Quanto cada um compreende que você não está com frescura. É bom saber que há alguém disposto a levantar trinta vezes para ajudar, para atender o interfone, pegar água, buscar lenço etc. etc. Por puro e simples medo de que algo errado possa acontecer com esse baby tão desejado. Medo de perder. E, nesse caso, medo é cuidado.

Dormi bem. Fiquei na santa paz. E agradeço aos anjos por isso.

Sem contar o apoio de amigas que moram longe e que já tiveram esse tipo de sangramento e fizeram questão de me acalmar via celular.

Foi justamente por tudo isso que no segundo ultrassom eu me emocionei mais do que no primeiro. Justamente por ouvir o coração do serzinho que estava ali, firme e forte, agora maiorzinho. Já estava com 12,9 mm, orgulho da mamãe!

Nesse momento eu olhei para o médico, olhei para a enfermeira, olhei para a minha barriga e disse: "Você fica aí, hein?! Obedece! Nada de ficar dando susto na mamãe! Obedece porque a mamãe é brava e quem manda aqui sou eu! Fica grudadinho aí direito!" – tudo em tom de risada, mas com os olhos marejados de lágrimas e com o coração acelerado. Sentimento de alívio. Ufa!

No mesmo dia fiz uma compra pela OLX. Um casal me levou a banheira que eu queria comprar e um esterilizador de mamadeiras. Usado, sim. E daí? Estão inteiríssimos. E economizei! Afinal, como eu costumo dizer, alguém aqui tem que pagar o apartamento novo.

Gosto de dar um mimo ao baby e de me presentear também em algumas datas, exames ou ocasiões. E o ultrassom hoje confirmando o baby grudadinho merecia presente, com toda a certeza.
Dois dias depois...
Sinto muito sono. Meu Deus do céu! Sinto sono às 10 horas, às 13 horas, às 14 horas, às 15h30, às 17 horas, sinto sono o tempo todo. Incrível! Nunca tive tanto sono na minha vida. Muito interessante essa transformação hormonal que ocorre com uma mulher grávida.
Comecei a estruturar melhor minhas ideias para a decoração do quarto. Sempre vêm à mente ideias de bichinhos e monstrinhos, mas vou esperar saber o sexo do bebê para dar andamento ao projeto quarto.

1º de julho de 2016

Núcleos familiares.
Amanhã vou fazer o exame de sexagem fetal. Não vou esperar de jeito nenhum a criança abrir a perninha em ultrassom e

mostrar se tem pipi ou perereca. Já quero saber e chamar o bebê com o nome certo.

De duas semanas pra cá, algo está me perturbando: eu acordo todas as madrugadas e faço mais ou menos meio litro de xixi. Nossa Senhora! E daí demoro pra pegar no sono.

Estou amando as compras da China. Estão chegando e adoro a grande maioria dos itens! Já até sei onde farei todo o guarda-roupa infantil. Sério mesmo. Criança não liga pra marca. Conheço vários adolescentes que também não ligam. Tudo depende. Da educação que recebem em casa, da escola que frequentam, dos valores estimulados. Claro que é muito gostoso ter uma peça ou outra de roupa legal, de marca. Mas não é prioridade. Minha prioridade financeira hoje se resume a quitar o novo apartamento, trocar de carro, fazer uma previdência para o baby e investir em algo a mais, já que sou autônoma. Como diz minha mãe, sempre fui muito boa para economizar. Aliás, inclusive o dinheiro investido em todo o processo de fertilização veio de muita economia, em vez de gastar com salões de beleza, bares e festas caras. É com muito orgulho que digo que foi em julho do ano passado que me presenteei com as últimas peças: sapato, roupa, bijuteria etc. Hoje estou colhendo os frutos.

11 de julho de 2016

It's a boy! Contrariando a maioria dos pitacos e confirmando os poucos que disseram que tenho cara de mãe de menino, lá vem um machinho. Que gostoso... Agora vou poder chamar a minha barriga pelo nome certo. Isso quando eu conseguir decidir entre Pedro e Rafael. Oh, dúvida! Mas que é um menininho, é. E hoje, com dez semanas, já está com uns 3 cm! Gigantão! A futura vovó foi a primeira a saber. Notícia em primeira mão. Em seguida foram meus avós, depois a mensagem foi para toda a família e amigos. Recebi muitas palavras de carinho e também um lindo buquê de rosas amarelas da tia Aline Sereia.

♡ Produção independente

Infelizmente tive que lidar com mensagens fora da casinha. Por que sempre tem gente que em vez de ficar quieta abre a boca pra falar m...? Se a pessoa torce por menina, vá e faça uma, que coisa! Apenas me dê os parabéns e ponto final. Aff... povo sem semancol me irrita! Isso pra mim se chama dor de cotovelo. Mas, enfim, muito bom começar a centrar meus pensamentos em um bebê com sexo definido.

Uma amiga de Brasília teve uma reação espetacular. Quando eu disse a ela que era um menino, ela fez um escândalo e disse: "Finalmente! Agora, sim, alguém vai criar um homem direito! Sim, pois esse bando de homem que a gente vê por aí é criado por mães submissas, infelizes no casamento, que não se valorizam, que aguentam tudo que os maridos aprontam... e você não é uma mulher assim. Você é uma mulher diferente! Então o seu filho terá dentro de casa um exemplo diferente de mulher. Terá uma mãe guerreira, batalhadora, que não engole palhaçada. E só por isso ele já vai se tornar um homem diferente!".

Olha... daqui a trinta anos eu prometo divulgar o tipo de homem que meu filho se tornou. Mas que faz certo sentido, ah, isso faz. Pelo menos a base de exemplos dentro de casa. É fato.

Corri ao site da China e já selecionei diversas roupinhas fofas de meninos, hehe. Porém, antes de fazer uma nova compra, vou esperar mais umas duas ou três semanas para ver como vou receber os itens que já comprei: em casa, numa boa, ou se vou ter que ir ao correio e pagar tarifa (como já aconteceu com quatro pacotes).

Já consigo dedicar mais atenção à criatividade para a decoração do quarto. Primeiro vou comprar o berço para definir o cenário, depois vou escolher a cortina. Estou enrolando muito, mas amanhã vou consultar algumas lojas. Pronto! Que graça... um boy!

Domingo ele me deu um susto de novo. Quer dizer, nem sei se foi ele. Deve ter sido o útero, não o baby. Mas tive um segundo sangramento. Leve, pouca coisa, mas foi mais do que da outra vez. Um amigo me levou ao hospital e, para nossa surpresa,

129

não achamos (nem o clínico geral plantonista achou) nenhum hospital com ginecologista de plantão pelo meu convênio. Um absurdo! E se fosse uma emergência? E se de fato fosse um aborto? Um pico de pressão alta ou pré-eclâmpsia? Eu teria que ir para o SUS! Mas eu pago convênio, ora! Amanhã tenho que telefonar para a central do plano e tirar isso a limpo. É até "bom" que isso esteja acontecendo. Deus me livre fazer um convênio para o meu bebê e, quando eu precisar de uma consulta no meio da madrugada, não conseguir ser atendida! Acho que viro uma dessas pessoas que quebram o hospital inteiro em um ataque de desespero e depois aparece nos telejornais de todo o país.

12 de julho de 2016

Não sei se vai ser Pedro ou Rafael. Adoro os dois. Um forte, o outro um pouco mais suave. E menos comum. Pelo menos na geração atual. Já os Pedros estão aí aos montes. Confio que com o tempo o meu coração me dirá que nome meu bebê terá.

Enquanto isso, me pego imaginando a decoração do quarto. Sim, claro que farei. Mandarei pintar em tom de azul, mas os detalhes serão by Denise Dias, obviamente. Decoro minha clínica, decoro tudo quanto é coisa, imagine se eu não decoraria o quarto do meu baby...

Hoje, o futuro social não me preocupa tanto. Claro, tenho um ventre pra cuidar. Um bebê para nutrir e contas altas para pagar. Por que perder tempo com uma hipocrisia social de intromissões infindáveis, muitas, com certeza, agressivas e altamente intrometidas, a maioria imersa em um grau profundo de ignorância em duplo sentido (não saber e comportamento)?

Vou lidando aos poucos com esses percalços. Conforme vão ocorrendo. Nada que um delete, um bloquear, um excluir ou uma boa língua afiada como a minha não resolvam.

As pessoas olham muito a vida dos outros e se esquecem de viver a própria vida. Escolhem ficar de camarote observando o trajeto alheio e não percebem que não traçam o próprio caminho. Como eu nunca me enquadrei nesse cenário, sempre fui muito mais eu, muito autêntica. Por isso estou onde estou, realizando cada vez mais os meus sonhos.

É como eu digo: as pessoas não vivem o que querem viver. Protelam planos, sonhos, desejos.

Separar-se de uma pessoa idiota. Casar com o amor da sua vida. Comprar um cachorro. Doar o raio do cachorro. Fazer um esporte de aventura. Dedicar-se a uma dieta e a exercícios físicos. Fazer um mochilão pela Europa. Fazer uma pós-graduação de dois anos. Sei lá mais o quê! Fazer o que quiser! Como eu não sou dessas pessoas, cá estou. Realizando o meu sonho maior.

2 de outubro de 2016

Que coisa, hein? Faz quase três meses que eu não escrevo neste livro. Hoje eu entrei no sexto mês de gestação do meu Rafinha. Rafinha da mamãe. E da vovó. Pois é, meu Rafael está programado para nascer a partir do meio de janeiro, no máximo na primeira semana de fevereiro.

Criança é um barato mesmo. Fico relembrando algumas falas dos meus pacientes sobre a descoberta do baby.

Os adolescentes, todos em absoluta neutralidade, como se a melancia que eu engoli não estivesse crescendo.

As crianças têm outra postura. Algumas viram pelo Facebook, outras descobriram. E estas frases são uma amostra do que escutei:

P.R.M. - 6 anos

– Eu acho que ele vai ser igual ao meu irmão: vai chorar muito e vai sair com muito sangue.

M.R.B. - 5 anos

– Ele vai nascer logo?

– O que é logo?

– Tipo hoje ou amanhã.

B.V.M. - 4 anos

– Sua barriga tá grande. Tem nenê? Ele tá nadando aí dentro? Vou contar pra minha mãe, tá?

P.A.B.F. - 7 anos

– Bebê? É que a barriga da minha mãe tava igual à sua quando ela tava grávida do meu irmão. Você vai trazer ele aqui?

A.C.C.P - 9 anos

– Ó, Denise, eu vou te perguntar uma coisa, mas não fui eu que disse, tá? Eu nem sei se é verdade. Minha professora que viu no Facebook e me disse. Você tá grávida? Ué... acho que tá, porque você só tá barriguda. Você tá magrinha no rosto e nos braços.

L.G.S.O. - 14 anos (atraso cognitivo)

– Denise, o que é esse envelope na mesa? Posso ver? Por que tem um bebê no exame? Tem um bebê na sua barriga? Que legal!

L.P.A.B. - 8 anos

– Nossa... ficou lindo o quarto que você fez para o Rafael. Ele vai gostar. Quer dizer, eu acho, né?

L.P. - 8 anos

– Eu tava com medo de te perguntar e você achar que eu disse que você tá gorda.

G.F.P. - 12 anos (transtorno de déficit de atenção / hiperatividade)

– Eu acho que você vai ser uma boa mãe porque você gosta de jogar jogo, gosta de brincar e porque você sabe ajudar as crianças com problemas de aprendizagem e que têm dificuldade para entender as coisas.

É muito interessante observar a inocência e quanto as crianças são genuinamente puras. Nenhuma, em momento algum, perguntou sobre o "meu marido", "meu namorado", "o pai do meu bebê". Elas só queriam saber sobre o bebê e quando ele iria nascer para que pudessem conhecê-lo. Essa pureza toda faz parte da natureza do mundo infantil. Quem tem a cabeça cheia de pensamentos limitados e com definições impostas culturalmente é o adulto. Não a criança.

♡ PRODUÇÃO INDEPENDENTE

O quarto do Rafael já está pronto. Fiz com todo o carinho. Azulzinho, com o canto do berço mais suave e o outro canto bem lúdico, colorido, coisa linda de se ver. Original e criativo. Do jeito que a mamãe gosta. Ficou tão lindo (modéstia à parte) que uma amiga até disse: "Denise, onde você comprou esses bichinhos?". Morri de rir, cheia de orgulho, pois eu não comprei, eu mesma fiz!

E essa barriga aqui só crescendo. Suaves movimentos eu já sinto desde umas 17 semanas de gestação. Talvez até um pouco antes. Mas de duas a três semanas pra cá sinto movimentos mais precisos. Há cinco dias ele parecia um jogador de futebol às 6 horas da manhã. Uma delícia. E agora, com 23 semanas de gestação, barrigudinha, todos na rua já sabem que é uma gestação e não uma magra barriguda desleixada.

O berço foi dado pela bisa e pelo biso. O carrinho com o bebê conforto, pela tia Paixão e tio Buíto. Todas as roupinhas que ele ganhou (tanto as novas quanto as doações de amigas) já estão lavadas, passadas e devidamente guardadas no armário. Nada de saco plástico, não. Aff, que frescura! A gente tem tanta roupa guardada no armário sem uso há uns dois anos, e a roupa está limpa, direitinha, por que fazer diferente? Eu, hein! Já lavei com os devidos produtos para nenê. A mulherada deixa pra lavar tudo no último mês. Não sei por quê. Dispenso tal acúmulo e estresse. Desnecessário. Sou a favor da praticidade. Tanto que outro dia me perguntaram se é Rafael com F ou com PH. Ah! Respondi: "Amor, eu sou tão prática, mas tão prática, que nem vou te responder!". E a pessoa: "Com F".

A vovó coruja deu mil mimos, diversas coisas que eu quis e precisei e ainda vai dar um montão de presentes. A cadeirinha do carro para ser usada depois do bebê conforto vem no Natal com os tios de Miami. Aliás, será o primeiro Natal que não passarei com minha família em Brasília. Afinal, estarei com 35 semanas de gestação, ou seja, a prudência pede que eu não viaje de avião. E como se trata do caminho Ribeirão-Brasília, também não vou de carro nem de ônibus.

Agora minha coluna começa a incomodar um pouco. Sempre tive tendência a lordose. Bunduda e costas curvadas pra dentro. A gravidez só acentua, mas por enquanto está tudo sob controle. Aliás, que gravidez maravilhosa! Eu e o baby, baby e eu, ambos passando superbem. Sem enjoo nem nada. Vômito? Nem sei o que é isso. Como ele está crescendo e empurrando meus órgãos lá dentro, à noite tenho que evitar deitar no sofá depois de comer para evitar refluxo. Mas algo me diz que vou poder trabalhar perfeitamente até o momento do nascimento. Amém! Assim seja. Onde será que minha bolsa vai estourar? Será que vai ser aquela aguaceira? Será que vai ser na clínica, no meio de alguma sessão com paciente, ou em casa vendo TV? Acordarei de madrugada com a cama encharcada? Estarei dirigindo? No meio da rua? Será que minha bolsa vai se romper assim mesmo? Pretendo arrumar a mala da maternidade lá pela 36ª semana de gestação. Ou seja, entre o Natal e o Réveillon.

Nessa minha história de produção independente, uma amiga de 40 anos correu e congelou seus óvulos, e outras duas, de 36 e 38 anos, estão fazendo exames e pensando no assunto. É isso aí, mulherada. Tem que correr mesmo. Nós temos relógio biológico. Pelo menos verificar a situação e congelar os óvulos.

Eu estou firme e forte na ioga para gestantes. É mais um grupo de troca de experiências com um pouco de ioga no fim da aula. Muito válido. Muitas informações trocadas, aliás muito úteis, que nos fazem refletir e repensar sobre muitos pontos, prioridades, besteiras, preconceitos, padrões rígidos etc.

Quanto mais leio, converso, reflito, mais quero o parto humanizado. Mas dentro de um hospital, afinal, se algo acontecer, estarei no lugar certo. E meu filho também. Quero parto de cócoras mesmo. Lógico, gravidade é pra baixo, e não na horizontal, favorável à visão apenas do médico tradicionalista. Aliás, foi por isso que mudei de obstetra no meio do caminho. Agora estou com uma médica do HC (Hospital das Clínicas — USP). Eu gostava do meu médico, mas quero parto humanizado. Não quero mentalidade engessada. Anestesia ou

♡ Produção independente

analgesia, se preciso for. Quero ser ouvida, quero ser respeitada, quero meu filho no meu colo, na minha pele, quando nascer. Quero calma com o cordão umbilical. Quero colírio nos olhos dele e tubo na boca e no nariz somente se necessário. Esse tal de colírio (nitrato de prata) arde pra caramba! Coitadinho do nenê. Previne conjuntivite gonocócica, associada à causa de cegueira infantil. Também está associado a casos em que a mãe tem clamídia ou gonorreia. Pois eu não tenho! Então, não quero colírio nos olhos dele! Quero meu Rafael por mais tempo com o vérnix (camada protetora). Não importa que a "gosminha" seja meio nojentinha, não interessa. É pro bem dele, o protegerá mais, então quero e ponto final. Se eu, que sou a mãe leoa, não me importo com isso, então pouco importa o que os outros pensam. Quero menos luz no ambiente em que ele vai nascer. Quero pouco barulho. De expressão, bastará a minha. Quero ar condicionado sem exagero. Veja bem: a criança fica quase um ano parecendo uma minhoca dentro da barriga da mãe. No escuro, no líquido, no quentinho, no mundo vibracional. Por que esticá-la sem dó para medir o seu tamanho com pressa? O nenê não vai encolher! Por que tacar uma luz forte na cara dele? Com meu filho, não. Todos os envolvidos já estão informados e avisados. Informados do que quero e avisados de que eu, por natureza, sempre fui leoa. Agora, então, não peça pra eu derrubar o hospital, não, que eu derrubo. Se eu vir, perceber, presenciar, ficar sabendo de qualquer intervenção agressiva, invasiva com meu filho, sem necessidade... vixe! Não quero nem imaginar do que sou capaz. Quem me conhece, sabe.

Quanto mais leio, converso, reflito, mais quero a amamentação exclusiva até os seis meses de idade do my baby. Mas querer nem sempre é poder. Portanto, nada de rigidez. Se der, deu. Se não der, não sou o tipo de pessoa que se chicoteia, não. Até porque sou a favor da minha sanidade mental. Evitarei chupeta, sim. Mas já comprei junto com o kit de mamadeira. E, se for preciso, vou dar mesmo. Como eu disse: sanidade mental.

Ainda não estou cantando para a barriga, mas penso muito nisso. Fazendo, ainda não. Não sei nem se vou. Não parte espontaneamente de mim e não vou fazer só porque os livros recomendam. Mas dou bom-dia ao meu Rafinha o tempo todo. Converso com ele, boto ele na roda, olho pra barriga, passo a mão fazendo uma leve pressão e, quando ele se mexe, então, aí é que eu falo mesmo com ele. A gente fica no maior diálogo.

Às vezes meu umbigo fica meio roxo. Sei lá, como se fosse explodir. Tenho a impressão de que isso ocorre quando eu como muito. No mês passado levei bronca do nutricionista por causa da quantidade de frutas que eu estava comendo. Levei um susto! Frutas, ora! Pois é... carboidrato e açúcar! Mas no último retorno eu fui elogiada, hehe. Substituí pratadas de frutas por vitamina com leite, queijo quente, essas coisas. Deu certo na balança... Então tá, né?

Este fim de ano vai voar. Já, já vem o chá de bebê em Brasília. Depois, o de Ribeirão Preto. Logo em seguida vem o Natal, o Réveillon. Em janeiro tem o meu aniversário, no dia 24, e em qualquer dia desse mês o Rafinha vai nascer. Tenho certeza de que, se eu não terminar este livro antes de ele nascer, não terminarei tão cedo.

Sabe, uma coisa já percebo. Já sinto na pele a dor que muitas mães dizem sentir quando alguém fala algo que afeta o seu filho. Aquele papo de "mexeu com meu filho, mexeu comigo". Pois é, já passei por duas situações em que pus as garras de onça pra fora. E é isso mesmo. Mexeu com a cria, levou. Não tem outro jeito. Somente quem é mãe pode entender o que estou dizendo.

Estou me sentindo no meio de um raio de luz. Uma grávida linda, realizada, felicíssima, curtindo cada momento dessa etapa. Não tenho nem palavras. Posto o que quero, preservo o que quero, revelo quando quero. Nada atrapalha a minha paz interna. Não há inveja, não há maus olhos que sejam maiores do que a minha energia positiva. O que não quer dizer que me atirarei à ignorância maciça da internet. Ou seja, revelar a gravidez nas redes sociais, ok. Mas ainda não sinto que seja o momento de contar sobre a produção independente. Não preciso passar agora (nem depois) pela ignorância covarde e desumana de pessoas que julgam o outro com requintes de crueldade por meio de palavras e expressões nas redes sociais. Para isso, ainda bem que existem as opções deletar e bloquear. Muito simples.

A minha consciência tem mais peso para mim do que a opinião do mundo inteiro.

6 de dezembro de 2016

Nossa... dois meses sem escrever e quanta coisa já aconteceu. O chá de bebê em Brasília, o chá de fraldas em Ribeirão Preto. A linda sessão de fotos do meu barrigão. O chá de Brasília foi lindo. Minha mãe é muito caprichosa. A decoração azul com ursinhos e balões ficou tão linda que eu pedi para repetir no chá de Ribeirão. Estoque de roupinha para até um ano de idade feito e estoque de fraldas para quase um ano também. Muito bom receber a presença e o carinho de vários amigos queridos. Sem contar a minha família, é claro.

Mas como nem tudo são flores, um belo dia, por volta da 30ª semana, ouço da minha obstetra que meu exame de curva glicêmica apontou diabetes gestacional. Minha primeira pergunta: "Foi culpa minha?" "Não, não foi. Isso foi por causa do hormônio que a placenta produz, o lactogênio placentário." É o modo como o pâncreas lida com a insulina para mim e agora para o meu bebê. Eu disse: "Hum, tá. E daí? Tem consequências para o bebê?". Ouvi a resposta com as hipóteses, algo que ela, como médica, tinha que me passar e, claro, caí no choro. Não quero meu Rafinha com hipoglicemia ao nascer. Não quero o meu baby com distúrbio metabólico que pode levar ao óbito. Imagine o meu choro quando ouvi isso. Tampouco quero o meu bebê acima do peso.

Entrei para o grupo "gestante de risco". E a idade também colabora. Muitos consideram que a gestação acima dos 35 tem mais possibilidades de sofrer complicações.

Por que algumas mulheres desenvolvem diabetes gestacional e outras não? No meu caso, foi justamente pelo motivo citado anteriormente: é o modo como o pâncreas produz a insulina. É um alerta de que no futuro, mesmo que não tivesse filhos, eu poderia (poderei) desenvolver diabetes. Ou seja, preciso ficar atenta agora e me cuidar nos próximos anos.

A médica alertou: "Pode cortar arroz branco, pão branco, bolos..." Interrompi: "Eu não como arroz branco. Nem pão branco. Em casa não tem refrigerante. Nem suco de caixinha. Só de garrafa de vidro. Também não tem salgadinho. Nem biscoito recheado. Adoro, mas não tem. Justamente para eu não comer. E aí, melhorar o que já é bom? Daqui a pouco vai restar 'grama com tijolo' para eu comer, pois a minha alimentação já é boa". "Isso. Nutricionista para gestantes já!"

16 de dezembro de 2016

Três semanas depois do diagnóstico, e eu ainda penando com o raio da glicemia de jejum. Mudo algum alimento no jantar, adapto, converso com a nutricionista, com a obstetra e vou ficando frustrada.

A parte mais difícil pra mim é não poder comer frutas. Eu amo frutas! Adoro sentar com uma bacia de melancia ou melão no sofá e mandar bala! Não posso. Também sou formiga. Amo um doce bem melecado com *marshmallow*, caramelo, brigadeiro... A obstetra e a nutricionista falaram a mesma língua: uma vez por semana e, mesmo assim, dividir com alguém ou pegar uma porção menor.

Parece que depois do parto esse problema diminui drasticamente. Já que a disfunção está na placenta, esse problema será eliminado quando o bebê nascer. Claro que eu

♡ Produção independente

e o bebê teremos nossa glicemia medida no hospital, mas já poderei devorar minhas toneladas de frutas. Quem me visitar com certeza vai ouvir algo do tipo: "Ó, já que você vem aqui em casa, não traga flores nem chocolate, tá? Traga uma melancia! Um melão! Um saco gigante de ameixas! Pera bem madura! Lichia, pêssego, amora, uva sem semente! Traga logo a feira inteira, aproveite e deixe tudo picado na cozinha pra mim. Hahaha!". Nossa, quase salivo só de imaginar.

Sem contar que não vejo a hora de poder devorar uma caixa de Amandita, um pote de sorvete de creme com cobertura de caramelo, sem um pingo de culpa na consciência, Sonho de Valsa (aquele em que vêm três grudados – adoro!), e coisas do tipo um pacote de Doritos.

Eu me alimento superbem, mas sou filha de Deus, e uma escapada de vez em quando é muito bom.

E você pensa que eu divulguei essa informação? Nem pensar! Muita gente fala muita besteira, dá muito pitaco sem entender nada do assunto e acaba magoando, pois a gente, no caso, eu, já está com isso na cabeça. Ter que lidar com gente linguaruda não é pra mim. Estou no momento preocupada em me poupar. Então pouquíssimas pessoas sabem que agora sou uma gestante de risco por causa da diabetes gestacional. A maioria das pessoas vai ler isto aqui e pensar: "Ah, não sabia que ela teve isso". Os mais dramáticos, com tendência a se colocarem como vítimas, vão dizer: "Puxa... você nem me disse", como se eu tivesse a obrigação de falar tudo pra todo mundo. Aff....O que me leva a isso também é querer me poupar de dar mil explicações. Outro dia fui a um evento com uma amiga e não comi nada. Claro, isso aconteceu dois dias depois do diagnóstico. No evento só havia bebida com álcool, refrigerante, docinho e salgadinho. Não posso, não posso, não posso e não posso. Confiei na tal amiga e o que ouvi foi: "Você tá comendo muita porcaria, né? Para de comer porcaria". Concentrei a minha fúria para não esganar a pessoa e respondi: "Pelo visto você não entende nada sobre esse assunto, né?!"

DENISE DIAS ♡

E lá fui eu explicar tudo que foi escrito anteriormente. Agora me fala, você acha que alguém merece ter que explicar isso pra todo mundo? Nem pensar! Aliás, com exceção da minha mãe, não contei pra ninguém da família. Desculpe o termo, mas, em suma, o negócio é que eu fujo de encheção de saco. Eu não encho o saco de ninguém e detesto quando enchem o meu. Pronto, falei.

Outro dia uma amiga me perguntou o que eu ainda tenho congelado na clínica de fertilização. Eu disse que tenho óvulos congelados, porém sêmen não tenho mais; solicitei que fossem usados para a formação de embriões blastocistos. Tenho dois embriões blastocistos. Ela me perguntou o que eu farei com eles e eu disse que provavelmente devo fazer o descarte no futuro, mas ainda é cedo para decidir. Afinal, ter um filho sozinha, ok. Mas tenho que ser muito responsável. É muito lindo e utópico pensar em dar um irmãozinho ou irmãzinha para o Rafael, ainda mais vindo da mesma carga genética. É lindo pensar assim. Bem estilo "Doriana" mesmo. Mas quando a gente é responsável e usa o cérebro que tem, concentra-se no quadro real: que eu sou solteira (isso pode mudar, claro, mas essa é a situação hoje, e é com base na realidade que eu traço a minha vida), autônoma, tenho que cuidar direito da minha saúde, da saúde do Rafael, de todas as contas para pagar, e que, pensando em um segundo filho, eu estarei mais velha, ou seja, e a gestação de risco? Afinal, não é nem um pouco legal essa história de diabetes gestacional. Não é o fim do mundo, mas não é nem um pouco agradável. Inclusive, assim que o Rafa nascer, será realizado exame de glicemia nele e em mim para verificar qualquer questão relacionada à diabetes gestacional. Seis horas após o parto, será feito outro exame em mim e, 40 dias após o parto, eu terei que fazer novamente o exame da curva glicêmica para verificar se a diabetes foi (está sendo) "apenas" uma situação gestacional, ou seja, passageira, ou se eu terei herdado isso para o resto da minha vida.

Na maioria dos casos, trata-se apenas de uma situação gestacional. Na maioria. Ou seja, somente após esses exames é que saberemos de fato qual é a minha condição. Sem contar os

♡ Produção independente

outros riscos futuros. Como sou muito centrada e com os dois pés no chão, penso que é muito melhor e mais sábio criar muito bem um filho e carregá-lo pra cima e pra baixo do que ter dois em uma situação sem tanto conforto e segurança.

Ah, e se tivessem vindo gêmeos ou trigêmeos? Se, se e se. Não vieram. Se tivessem vindo, teria de programar tudo outra vez. E com certeza tudo seria muito mais complicado. Ainda mais sendo uma produção independente. Mas eu escolhi correr o risco porque o que eu mais queria era SER MÃE. E ponto.

Devido a toda essa novidade sobre a diabetes gestacional, ontem comecei a abrir a minha mente para a possibilidade de ser necessária uma cesárea. Não quero cesárea. Quero parto normal. Via perereca mesmo! Melhor para o bebê, melhor pra mim, melhor pra minha recuperação! Muitas mulheres sofrem durante a cicatrização da cesárea. No entanto, tenho que começar a me preparar para esse tipo de parto caso seja necessário. E por quê? Por causa da diabetes gestacional. Com a diabetes, o máximo de duração da gestação caiu de 42 para 41 semanas. Caso eu tenha que tomar insulina, o tempo cairá para no máximo 39 ou 40 semanas. E daí para quem disse que o bebê vai causar contrações até lá? Creio que o exame de sangue que fiz hoje e o ultrassom que farei em uma semana serão determinantes na decisão da minha médica para o uso de insulina. Até porque amanhã já entro na 34ª semana. No Natal estarei na 35ª, e na 36ª no Réveillon. Ou seja, mais duas semanas e o suspense vai começar.

Acordei às 2 horas da madrugada para medir a glicemia. Ter uma alimentação adequada, acordar de madrugada, furar o dedo e depois dar de cara com valores ruins deixa qualquer mulher-maravilha frustrada e com sentimento de impotência. Seguir as coordenadas e esperar meu Rafael lindo e saudável em meus braços é tudo que posso fazer. No fim da história, a única coisa que interessa é isso: o bebê com saúde e se desenvolvendo bem. E eu com saúde também, é claro. Parto pererecal ou barrigal fica em segundo plano.

Conheci a pediatra do parto. Na equipe da minha obstetra, é essa pediatra que fica no parto e ponto final. Na consulta com ela, tirei diversas dúvidas sobre o parto humanizado, sobre tudo aquilo que eu gostaria que acontecesse. Gostei muito da postura dela. Lembrou a minha: firme com o paciente. Mostrou flexibilidade desde que tudo esteja bem. Deixou claro que o bebê irá para o meu colo assim que nascer, desde que eu tenha condições físicas e emocionais para segurá-lo. A pediatra, que também é neonatologista (ótimo!), disse que no parto normal muitas mulheres ficam exaustas e não conseguem segurar o bebê no momento do nascimento. E que, quando é preciso agir rápido para o bem do bebê, a mãe pode surtar, bater, esbravejar, que não adianta: ela pega o bebê e intercede. Meus olhos nessa hora se encheram de lágrimas. Gostei de saber que mesmo que eu surte meu filho estará nas mãos de uma profissional firme e focada no bem dele. O surto depois passa.

Tenho o plano de parto traçado. Mesmo que seja cesárea, será um parto humanizado.

A madrugada está começando. Estou pingando de sono, mas evitando ir para a cama. Afinal, terei que acordar daqui a uma hora para furar o dedo. Então, cá estou. Tentando fazer o tempo render aqui nas teclas.

Tirando essas questões que são incontroláveis e imprevisíveis, alguns estresses com empresas, as câimbras que estão cada vez mais frequentes, o refluxo que tem aumentado nos últimos dias, o calor de matar que sinto a ponto de dormir com o ar-condicionado a 18 graus, dormir com três travesseiros sob a cabeça e levantar para fazer xixi umas três ou cinco vezes por noite, coisas que não me incomodam mesmo, pois volto a dormir numa boa, Denise por Denise, Rafael por Rafael, estão ótimos. Pense em uma gestação tranquila, em paz. De boa. Positiva. De bem com a vida. De fato um lindo processo.

Estado civil: completamente feliz.

31 de dezembro de 2016

Ah, como eu curti essa gestação. Puxa vida! E continuo curtindo cada passagem, mesmo de forma hilária, como, por exemplo, quando eu mesma dou risada ao não conseguir amarrar o cadarço do tênis. Já era! Rsrs.

Quero arrumar a mala da maternidade logo. Tentarei ainda hoje, com calma. Assim, se eu me esquecer de algo, terei tempo para acrescentar ou tirar itens. São muitos detalhes. Tanto para mim como para o bebê. Para mim: roupas larguinhas e confortáveis. Calcinhas que, se mancharem de sangue, não vou me importar em jogar fora; absorvente noturno; meia; chinelo; um casaquinho (por causa do ar-condicionado do hospital); meu kit de banho com os produtos que eu gosto; sutiã de amamentação; absorvente para os seios; os CDs que quero ouvir na hora do parto (no caso, vou levar Enya e Jack Johnson); algo para comer e beber se eu quiser; carregador de celular... Quanta coisa.

Para o bebê: pacote de fraldas; pomada para assadura; algodão e cotonete (é bom levar, pois nem todos os hospitais fornecem); o trio gorrinho, luvinha e meinha (vários, uns três); roupinhas tamanho RN e tamanho P também; casaquinho; mantinha; várias fraldas de pano; cueiro; algum produto pro banho (vou levar um Foam, da Mustela). No HC, as enfermeiras não trabalham com chupeta e mamadeira. Mas uma chupetinha na mala eu vou levar. Se EU, A MÃE, precisar usar, estará na minha mão. Também estou levando uma bolsa que minha mãe me deu para colocar o Rafael. Estilo canguru, mas na posição de colo de ladinho mesmo, como se eu o estivesse carregando em meus braços. Mas ele estará mais protegido nessa bolsa fofinha pendurada em mim. Também estou levando uma espécie de envelope-travesseiro. É para colocar o nenê dentro também.

Pelo fato de ser uma produção independente, preferi fazer a mala com uma quantidade de tudo que eu julgo útil para mais, pois não há a pessoa para correr em casa e pegar alguma coisa, por exemplo. Minha mãe não vai querer sair do hospital e não saberá onde cada coisa está guardada. Idem quanto à minha amiga, que será a minha acompanhante no parto.

Também estou levando toalha para ele e para mim. Ninguém merece toalha de hospital.

Alguém receberá a missão de pegar o meu carro e nos buscar no hospital caso não seja possível eu dirigir. Só saio do hospital com o nenê no bebê conforto.

Só tenho motivo para sorrir no ano de 2016. E que 2017 me traga muita luz, sabedoria, paciência e tranquilidade para lidar com possíveis dificuldades. Muita saúde a mim e ao meu bebê também! E que eu nunca esqueça a mulher corajosa e determinada que sou. Agora eu passo a ser plural. Agora eu tenho pacote. E que o meu pacotinho venha todo lindo, embrulhado na alegria, na saúde e no amor gigante que eu já sinto por ele.

A mim, ao meu Rafael e a todos eu desejo um realmente feliz 2017!

3, 2, 1! Viva!

- CAPÍTULO 8 -
O NASCIMENTO DE RAFAEL

Melhor que sonhar é conseguir realizar.

Quarta-feira, 25 de janeiro de 2017, 8h27.

Eu ouvi o chorinho do meu neném. Nasceu o meu Rafael. Um lindo parto cesáreo humanizado. Rapidamente ele foi colocado em meu colo e lá ficou um tempinho. Coberto de vérnix, com os olhos abertos, mamou na mesma hora.

Meu nenê bochechudo. Coisa mais fofa do mundo.

A vacina de hepatite B que seria aplicada nele, no meu colo, não foi dada. A injeção de vitamina K também não. Motivo: por ter sido cesárea, não havia espaço suficiente para a enfermeira atuar. O colírio de nitrato de prata nos olhos, que eu questionei, idem. Indicação do Ministério da Saúde. Eu já estava ciente desses detalhes, mas o principal aconteceu: mãe e bebê com saúde e um parto realizado com muita responsabilidade.

Naquela sala de cirurgia nascia então um bebê, uma mãe e uma madrinha. E a avó esperando notícias ao lado do centro cirúrgico.

Meu Rafael nasceu com 4,750 quilos e 52,5 centímetros.

Havia mais líquido amniótico do que o padrão. Coisas da diabetes gestacional, assim como o peso dele. Tais dados apenas confirmavam a mim e a minha médica que havíamos tomado a melhor decisão para mim e para o meu bebê. Como é bom estar em boas mãos. Eu me senti segura o tempo todo ao ser acompanhada em detalhes pela Dra. Flávia Magalhães.

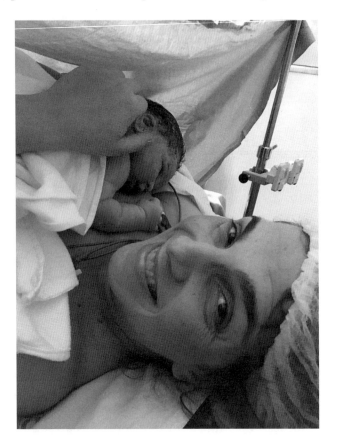

Após algumas horas na sala de pós-operatório, colocaram meu bebê ao meu lado, no apartamento do hospital. Ali ficamos por dois dias para que eu me recuperasse um pouco e para que nós dois tivéssemos a glicemia medida adequadamente.

♡ Produção independente

A cada duas ou três horas Rafael tinha seu sangue mensurado. Comigo o controle não foi tão rígido. O risco maior era com ele. Risco de hipoglicemia. Resultado: nada de hipoglicemia no nascimento. E nada de diabetes para mim. Em suma, fim dessa história de diabetes. Ufa, que alívio! Mesmo sabendo que em 40 dias terei que repetir o exame de curva glicêmica, já estou liberada para ter uma alimentação normal. Já posso comer uma batata frita de vez em quando, doce, sorvete, chocolate... Ai, que bom! Não vejo a hora. Estou doida para devorar uma caixa de Amandita!

Na sexta-feira, dia 27 de janeiro, tivemos alta. Minha preocupação era conseguir dar entrada logo no convênio dele. Do hospital fomos ao cartório para obter a Certidão de Nascimento do Rafael. Geralmente, todos já saem do hospital com a certidão em mãos. Mas, no nosso caso, isso não foi possível. Devido à produção independente, precisei ir a um cartório específico para assinar um documento comprovando que realizei uma fertilização in vitro, com doador anônimo (diferente de muitas mulheres que não querem registrar o nome do pai por opção delas e, assim, alegam produção independente, o que não é).

Já eram 16h10 quando chegamos ao cartório. O convênio fecharia às 17 h. Quando eu entrei no cartório, fiquei espantada: estava lotado! Eu me dirigi a um senhor que organizava a entrada e disse: "Moço, a Fulana do HC já falou com a Ciclana daqui e ela está me esperando. Eu acabei de ter alta de uma cesárea e estou com um bebê de dois dias de vida dentro do carro". Ele apontou a Ciclana e lá fui eu. Ela me ofereceu uma cadeira, mas preferi ficar em pé devido ao desconforto pós--cesárea. Ela foi simpática, superágil, sabendo que eu ainda queria ir ao convênio. Quando ela me entregou os dados do Rafinha para eu conferir, comecei a chorar. Parecia a Alice no País das Maravilhas. A Ciclana me ofereceu água, café... só não me ofereceu um milk-shake porque lá não tinha. Mal sabia ela que aquele choro todo era a minha mais pura emoção em ver registrada a existência do meu bebê, do meu Rafinha. Até para

147

escrever isso aqui eu choro novamente. Eu choro cada vez que me lembro daquele momento. E não acho exagero. Planejei por tantos anos ter um filho, ser mãe. Muita coisa aconteceu ao longo da minha trajetória. Muitas mudanças de pensamento também. E daí... pimba: bem na minha frente, a Certidão de Nascimento do meu baixinho. Ele existe legalmente. E é inteiro meu. Filiação: meu nome. E ponto. Choro mesmo. Não tem jeito.

Ao chegar em casa, outra avalanche de emoções. Eu, com o meu Rafinha no colo, entrando no apartamento e dizendo a ele: "Bem-vindo, meu amor. Olha só a sua casinha. Casinha do nenê. Bem-vindo, meu amorzinho". Vale lembrar que comprei esse apartamento pensando no nenê que nasceria.

Os dias iam passando, e a cada descoberta, a cada vivência minha, uma avalanche de emoções. Algo que não cabe nem na barriga, nem no coração. Explode pelos olhos.

E assim eu me despeço de você. Com a certeza de que daqui a alguns anos voltarei com o relato de como eu e ele estaremos lidando com esses primeiros anos das nossas vidas. Com certeza vou poder falar sobre questões sociais, questionamentos dele comigo, hipocrisia humana, inveja, intromissão e admiração.

Preenchimento de "filiação" para tirar passaporte, visto etc. Como tornarei amena e sutil essa questão cotidiana a mim e a ele. Sim, pois não dá para brigar com o mundo cada vez que alguém levar um susto ou falar abobrinha. Brigar com os ignorantes, sim. Com os surpreendidos talvez não haja necessidade. Mas também estou longe de ter sangue de barata. Cada caso falará por si. E falarei tudo.

O dia a dia de ser uma mãe de produção independente e autônoma, me virando nos apertos e imprevistos da vida. Babás, idas a hospitais, escolas, viroses, desespero, medos, o financeiro, amigos, decepções, saídas noturnas, paqueras, viagens de carro, viagens de avião. Tenho todo um traçado em mente.

Quero ir com ele, ainda bebê, para um resort. Quero ir para a Europa com ele pendurado em mim. Quando ele estiver maior, quero levá-lo a um santuário de girafas na África. Quero que ele conheça a neve ainda criança. Quero levá-lo ao parque do Beto Carrero, no Natal Luz em Gramado. Mesmo que ele não se lembre de nada disso depois. Não importa. A memória principal fica registrada na alma. Que é a vivência comigo, as experiências todas. A interação social, os aromas, sabores e vislumbres momentâneos em lugares lindos e interessantes. É assim que se forma uma pessoa. Fazendo com que ela viva a vida.

Quero que ele pise na areia e descubra a sensação interessante que é. Quero que ele brinque com as panelas enquanto eu faço sopa e papinha. Quero que ele ande descalço, ande de meia, coma biscoito que caiu no chão. Quero que ele pense duas vezes antes de fazer algo que só pelo meu olhar já vai saber que vai levar, no mínimo, uma bronca. Quero levá-lo a muitos, muitos zoológicos. Quero que ele pegue uma estrela-do-mar na mão. Que prove caranguejo. Que faça a maior lambança com cada fruta que provar. Que vire as costas quando alguém for pegá-lo no colo e que estique os braços para mim dizendo: "ma-ma-mamãe!".

Aguardemos a vida vivida de fato.

Dizem que livro é um filho. Pois então este é o meu terceiro filho de papel. Mas com certeza este é o único que carrega em cada linha a minha mais pura alma. Carrega em cada palavra, em cada frase escrita, a emoção do dia a dia que foi percorrer todo esse trajeto durante anos em busca de um amadurecimento sobre a ideia de realizar uma produção independente. Tudo pela realização do meu sonho em alcançar a maternidade. Sem feminismo e sem machismo. Apenas o desejo de ser mãe.

Definitivamente, eu fui uma grávida muito, mas muito bonita. Modéstia à parte, eu arrasei em cada aparição com a minha barriga. Minha barriga ficou linda! E o sentimento que hoje carrego é o de ser a mulher mais realizada da face da Terra. Pois realizei o meu maior sonho, a minha maior aventura, que está apenas começando: agora EU SOU MÃE E

TENHO UM FILHO PARA CHAMAR DE MEU. Extensão do que eu sou. Continuação da minha raiz. Meu maior e mais profundo fruto. Com brilho nos olhos, encerro este livro e vou viver a maternidade com todas as suas delícias, seus desafios, suas inquietudes.

Sentir na pele agora esse negócio de intuição de mãe.

Desejo que você, lendo esta minha história, tenha foco em sua vida e corra atrás do seu sonho. Seja lá qual for. Corra atrás e realize. Seja você a protagonista da sua vida!

Um beijo grande e até a próxima!

Agradecimentos

Emotiva como sou até com os meus filhos de papel, imagine então com o meu filho de carne e osso, nascido do meu ventre.

Não sei nem como agradecer a tantas pessoas que me apoiaram e me parabenizaram pela coragem em partir para uma produção independente, em busca da realização de um sonho gigante: a maternidade.

São muitas amigas e amigos envolvidos. Tive apoio de muita gente. Vocês me compreenderam, me incentivaram a correr atrás do meu sonho maior e me motivaram com palavras positivas. Vocês me ouviram com respeito, tranquilidade e sem julgamentos desde a minha revelação. Vocês me deram parabéns pela coragem e assinaram embaixo o atestado de que eu estava fazendo a coisa certa. Se necessário, eu sei que posso ligar de madrugada para pedir socorro. Sortuda eu, hein? Quanta gente!

Às mães e pais de muitos pacientes que me deram um apoio gigante com brilho nos olhos e uma imensa felicidade só de imaginar que eu finalmente sentiria na pele a sensação de ser mãe. A todos vocês, agradeço as palavras de encorajamento, apoio e compreensão, com a certeza de que serei uma boa mãe.

À minha família, que incondicionalmente percebeu que eu precisava (preciso) de compreensão, apoio e amor. Em especial à Viviane, minha "comadre", que me disse com toda a certeza do universo que não há possibilidade de me arrepender, que não há amor maior que esse: o de ser mãe. Em especial também à tia Mara, que encheu, incansavelmente, o meu WhatsApp com gracinhas sobre "quando eu iria descongelar os esquimozinhos". Saiba que essa graça toda foi fundamental para alimentar a leveza dessa decisão que tomei em minha vida.

Agradeço imensamente ao meu paidrastinho querido, que me apoiou desde o momento em que eu revelei minha decisão. O seu apoio foi dado em forma de lágrimas na mesma hora. Tenho certeza de que você será o melhor vô bobão e babão que o meu filhote poderia ter. Obrigada eternamente também pelo apoio, pensamento positivo e "complôs" saudáveis (shhhh! Segredo nosso!). A vida não poderia me dar paidrastinho melhor do que você.

Agradeço à minha mãe, que, mesmo com as nossas dificuldades, sente na pele a angústia, a insegurança, os medos e o desejo de que tudo saia bem comigo, sua única filha. Em termos de saúde e socialmente também. Assim como só eu sei o que sinto pelo meu tão desejado filho, só ela sabe o que sente por viver essa história comigo. É óbvio que ela não teve escapatória. Pois é, mãe, a vida preparou mais essa pra você! E veja só o resultado disso... Que delicinha! Um beijo da sua pequerrucha e do seu neto tão amado, tão querido, tão desejado. Nós te amamos incondicionalmente!

A todos vocês, meus amigos, pacientes, família, paidrastinho e minha mãe, obrigada! Com tudo isso eu me torno uma mulher cada vez mais forte e guerreira. Amo muito todos vocês. Meu eterno agradecimento.